GSE

Geschichte
Sozialkunde
Erdkunde

Lehrerhandbuch

8

Erarbeitet von
Sabine Eberle,
Ulrich Feibauer
Helmut Heinrich
Günther Kaniber,
Anton Krug,
Edmund Rieger,
Hans Schmidt
Clemens Sieber,
Dr. Bernd Thieser

wolf verlag

Inhaltsübersicht		SB Seite	AH Nr.	LT Nr.

Monat	UZE	LZ	Kapitel/Unterrichtsthemen	Buch Seite
September		**8.1**	**1. Die Gemeinde als politischer Handlungsraum**	3
		8.1.1	● Merkmale der Heimatgemeinde	3
			● Die Gemeindeverwaltung	5
		8.1.2	● Die Aufgaben der Gemeinde	6
			● Einnahmen der Gemeinde	8
			● Der Haushaltsplan der Gemeinde	9
		8.1.3	● Der Gemeinderat	10
Oktober			● Entscheidungen in der Gemeinde	11
		8.1.4/	● Möglichkeiten der Mitwirkung – Jugendliche engagieren sich	12
		8.1.5	● Eine Entscheidung muss gut vorbereitet sein	14
			● Arbeit in den Ausschüssen	16
		8.1.3	● Der Gemeinderat trifft demokratische Entscheidungen	17
			● Projekt: Wir besuchen eine Gemeinderatssitzung	18
	11		● Jetzt bin ich fit	18
		8.2	**2. Europa im Überblick**	19
		8.2.1	● Lage, Abgrenzung und naturräumliche Gliederung	19
			● Klimazonen	20
			● Vegetationszonen	21
November			● Politische Gliederung – Nationalstaaten/politische Zusammenschlüsse	22
			● Wichtige Bündnisse in Europa	23
		8.2.2	● Schwerpunkte verschiedener Wirtschaftsräume	25
			● Rohstoffe aus Nordeuropa	25
			● Landwirtschaft in Frankreich	26
			● Industrie in Frankreich und Großbritannien	27
			● Tourismus in Südeuropa	28
			● Wirtschaftliche Entwicklung in Osteuropa	29
			● Kern- und Randräume der EU	30
	12		● Jetzt bin ich fit	31
Dezember		**8.3**	**3. Europäische Weltbeherrschung**	32
		8.3.1	● Weltreiche entstehen – der Imperialismus	32
			● Das britische Weltreich entsteht	34
			● Das Deutsche Reich und seine Kolonialpolitik	35
		8.3.2	● Konflikte in Europa	36
		8.3.3	● Wie kam es zum Ersten Weltkrieg?	37
			● Der Erste Weltkrieg – ein Zweifrontenkrieg	38
			● Die Seeblockade – Der Kriegseintritt Amerikas – Die Revolution in Russland	39
			● Die Lage im Deutschen Reich – Die Lage an der Front – Der Zusammenbruch	40
	8		● Jetzt bin ich fit	41

Monat	UZE	LZ	Kapitel/Unterrichtsthemen	Buch Seite
Januar		**8. 4**	**4. Gewalt bedroht uns überall**	42
		8.4.1	● Gewalt nützt niemandem	42
			● Was ist für dich Gewalt?	44
			● Wir sind gegen Gewalt	45
		8.4.2	● Gewalt hat viele Ursachen	46
			● Gewalt auf allen Kanälen	47
Februar			● Die Familie ist auch keine gewaltfreie Zone	48
		8.4.3	● Keine Chance für Gewalt	49
			● Wie soll ich mich verhalten?	50
			● Es geht auch ohne Streit	51
			● Auf die richtige Reaktion kommt es an	52
	10		● Jetzt bin ich fit	53
		8.5	**5. Boden**	54
		8.5.1	● Boden als Ernährungsgrundlage: Landwirtschaft 1950 –	54
			Landwirtschaft heute	56
			● Folgen und Auswirkungen des Strukturwandels in der Landwirtschaft	57
			● Die nachhaltige, ökologische Landwirtschaft	
		8.5.2	● Der Boden als Nutzfläche: Siedlungs- und Verkehrsfläche nehmen ständig zu	59
			● Wasserhaushalt befestigter und unbefestigter Flächen	60
			● Folgen des ungebremsten Bodenverbrauchs	60
März			● Familie Zettel baut ein Haus	61
			● Umweltverträgliche Bodennutzung	62
		*8.5.3	● Projektvorschlag: Naturnahe Schulgeländegestaltung	63
	8		● Jetzt bin ich fit	63
April		**8.6**	**6. Die Weimarer Republik**	64
		8.6.1	● Die Revolution 1918/1919	64
			● Deutschland auf dem Weg zur Republik	65
			● Die Revolution in Bayern	66
			● Parteien in der Weimarer Republik	67
			● Inhalte der Weimarer Verfassung	68
			● Der Friedensvertrag von Versailles	69
		8.6.2	● Belastungen der Republik nach Versailles	71
			● Das Krisenjahr 1923	72
			● Die Mark verliert an Wert	73
			● Leistungen der Weimarer Republik – Die Außenpolitik Stresemanns	74
			● Soziale Leistungen	75
			● Die Wirtschaftskrise und ihre Folgen	76
		8.6.3	● Der Aufstieg der NSDAP	77
Mai			● Neue Formen der Propaganda	78
	14		● Jetzt bin ich fit	79

Monat	UZE	LZ	Kapitel/Unterrichtsthemen	Buch Seite
		8.7 G	**7. Nationalsozialismus und Zweiter Weltkrieg**	80
		8.7.1	● Die Nationalsozialisten an der Macht	80
			● Die Demokratie wird beseitigt	81
			● Gleichschaltung der Länder und Gemeinden	82
			● Die Abschaffung der politischen Parteien	83
		8.7.2	● Verführung und Terror	84
			● Beseitigung der Arbeitslosigkeit	85
			● Die Revision der Versailler Verträge	86
Juni			● SS und Gestapo unterdrücken das Volk	87
			● Entrechtung und Verfolgung der Juden	88
			● Viele Deutsche vertrauen dem Führer	89
		8.7.3	● Hitlers außenpolitische Ziele	90
			● Hitler redet vom Frieden	91
			● Der Anschluss Österreichs – Sudetenkrise und Münchener Abkommen – Zerschlagung der "Rest-Tschechei" – Der Hitler-Stalin-Pakt	92
			● Der Überfall auf Polen als Beginn des Zweiten Weltkriegs – Der Krieg gegen die Westmächte	93
			● Der Krieg gegen die Sowjetunion und die Kriegswende	94
Juli		8.7.4	● Totaler Krieg, Völkermord und Widerstand	95
			● Widerstand bei Studenten – Die Weiße Rose	98
			● Widerstand im Militär – Das Attentat vom 20. Juli 1944	98
		8.7.5	● Der Sieg der Alliierten und die Befreiung vom Nationalsozialismus	99
			● Die Problematik des Bombenkriegs	100
			● Die bedingungslose Kapitulation 1945	101
			● Flucht und Vertreibung der Deutschen	102
			● Projekt: Das Leben der Menschen im Krieg am Beispiel des Alltags- und Soldatenlebens	103
			● Jetzt bin ich fit	103
	21			

Summe   84

1. Die Gemeinde als politischer Handlungsraum
Merkmale der Heimatgemeinde
(Schülerbuch S. 3/4)

Lehrplanaussagen
LZ 8.1 Die Gemeinde als politischer Handlungsraum
8.1.1 Grunddaten der Gemeinde, Entwicklung unserer Gemeinde
8.1.2 Unsere Gemeinde im Landkreis

Unterrichtsverlauf
Problemstellung
- Einstieg Ortsschild, Landkarte von Bayern
- Lesen des Textes

Zielangabe: Was möchte Peter über seinen neuen Wohnort erfahren?

Problemerarbeitung
- Buch S. 3, AA 1 bis 6; Buch S. 4, AA 1 bis 6
- Tafelanschrift

Problembewertung
- Gespräch über die Vorzüge der neuen Heimatgemeinde (Verbesserungsvorschläge sammeln)
- Eine Ortsbesichtigung der eigenen Gemeinde durchführen
- Besuch des Rathauses, Gespräch mit dem Bürgermeister

Hausaufgabe
- AH 1: Der Steckbrief meiner Gemeinde
- Wichtige Gebäude am Ort fotografieren und die Bilder mit Texten versehen lassen
- S. 3, AA 7 und AA 8

Medien
FWU 32 02923 - Eine Stadt lebt: Marburg/Lahn
42 42602 - Dorferneuerung in Bayern
FWU 32 03448 - In der Stadt leben
42 43800 - Gosheim - ein Dorf im Wandel
FWU 32 - Lebensraum Dorfgemeinde

Tafelbild

Meine Heimatgemeinde

Gemeinde ....

Landkreis ....

Regierungsbezirk ....

Ämter/ Behörden	Schulen	Einkaufen	Ämter/ Behörden	Sport/ Freizeit	Lebenswertes

Name: _____ Klasse: _____ Blatt: _____

Der Steckbrief meiner Gemeinde

Ortsname: _____ Landkreis: _____ Reg.-Bezirk: _____

Einwohnerzahl: _____ Gründungsjahr: _____

Ortsteil: _____ Bürgermeister: _____

wichtige Gebäude: _____

Sporteinrichtungen: _____

Handwerksbetriebe: _____

Industriebetriebe: _____

Dienstleistungsbetriebe: _____

Sehenswürdigkeiten: _____

Kreuze an, was in deiner Heimatgemeinde vorhanden ist:

❑ Supermarkt	❑ Kino	❑ Burg
❑ Bahnhof	❑ Fluss	❑ Theater
❑ Krankenhaus	❑ See	❑ Eisstadion
❑ Buslinie	❑ Kirche	❑ Altenheim
❑ Flugplatz	❑ Schule	❑ Klärwerk
❑ Kindergarten	❑ Bauernhof	❑ Brunnen
❑ Eisdiele	❑ Feuerwehr	❑ Gasthof
❑ Schwimmbad	❑ Polizeidienststelle	❑ Tierpark
❑ Tennisplatz	❑ Museum	❑ Postamt
❑ Café	❑ Arbeitsamt	❑ Tankstelle
❑ Realschule	❑ Gymnasium	❑ Bücherei
❑ Campingplatz	❑ Volkshochschule	❑ Wasserwerk
❑ Tierheim	❑ Sportplatz	❑ Denkmal

Für mich sind die wichtigsten Einrichtungen:

_____

_____

Folgende Einrichtungen vermisse ich:

_____

_____

Die Aufgaben der Gemeinde
(Schülerbuch S. 5/6)

Lehrplanaussagen
LZ 8.1 Die Gemeinde als politischer Handlungsraum
8.1.2 Pflichtaufgaben: Versorgung und Entsorgung, freiwillige Aufgaben, Grunddaten der Gemeinde, Entwicklung unserer Gemeinde

Unterrichtsverlauf
Problemstellung
- über den einführenden Text und den Rathauswegweiser

Zielangabe: Welche Aufgaben hat meine Heimatgemeinde?

Problemerarbeitung
1. Teilziel: Aufgaben der Gemeinde
- Buch S. 5, AA 1 bis 5

2. Teilziel: Pflichtaufgaben, freiwillige Aufgaben
- Buch S. 6, AA 1 bis 5

Problembewertung
- Brief von Frau Schnell lesen
- Gespräch
- Buch S. 6, AA 6 und 7

Hausaufgabe
- AH 2: Eine Gemeinde hat viele Gesichter

Medien
FWU 10 08255 - Die Aufgaben der Gemeinde
FWU 42 42337 - Aufgaben eines Bürgermeisters

Tafelbild

Welche Aufgaben hat meine Heimatgemeinde?

a) verpflichtende:

- – Bau von Schulen
- – Müllabfuhr
- – Feuerwehr
- – Gemeindestraßen
- – Sozialhilfe
- – Wasser, Strom, ...

b) freiwillige:

- – Erwachsenenbildung
- – Altenheime
- – Sporteinrichtungen
- – Wanderwege

Darüber hinaus: – Ausstellen von Heirats- und Geburtsurkunden

– Abrechnung von Steuern (Gewerbe-, Grund-, Hundesteuer, ...)

– Kassieren von Gebühren

Name:_____ Klasse: _____ Blatt: _____

Einrichtungen meiner Gemeinde

Bahnhof	Kranken-haus	Schwimm-bad	Fußball-platz	Schule	Rathaus
Kino	Feuer-wehr	Jugend-heim	Polizei	Apotheke	Super-markt
Gasthaus	Postamt	Sehens-würdig-keit	Bücherei	Denkmal	Camping-platz

vorhanden	nicht vorhanden

1. Trage den Namen deines Wohnhauses in die Ortstafel ein.
2. Schneide oben die Quadrate aus, klebe sie in die Tabelle.
3. Welche Einrichtungen sind für dich besonders wichtig?
   Wähle einige aus und begründe deine Wahl.

_____

_____

_____

Die Einnahmen und Ausgaben der Gemeinde
(Schülerbuch S. 7/8)

Lehrplanaussagen
LZ 8.1 Die Gemeinde als politischer Handlungsraum
8.1.2 Finanzierung von Aufgaben der Gemeinde

Unterrichtsverlauf
Problemstellung
- über die Grafik Buch S. 7

Zielangabe: Ausgaben und Einnahmen der Gemeinde

Problemerarbeitung
1. Teilziel: Ausgaben der Gemeinde
- Buch S. 7, AA 1 bis 6
- Anlegen der Tabelle

2. Teilziel: Einnahmen der Gemeinde
- Buch S. 8, AA 1 bis 2; Tafelanschrift

Problembewertung
- Buch S. 8, AA 3
- AH 3: Finanzkreislauf in Gemeinden und Städten
- Gespräch

Hausaufgabe
- AH 4: Trotz Sparkurs - Stadt macht Rekordschulden

Ausgaben und Einnahmen in der Gemeinde

Gemeindeausgaben:

Aus den Aufgaben
der Gemeinde ergeben
sich ihre Ausgaben.

Aufgabe: Bau von Gemeindestraßen

Ausgabe: Geld für den Bau einer
Ampelanlage

Gemeindeeinnahmen:

- Steuern
- Gebühren und Beiträge
- Gewinne und Gemeindevermögen
- Zuschüsse von Bund und Ländern
- Kreditaufnahme

Bürger

Name: _____ Klasse: _____ Blatt: _____

Finanzkreislauf in Städten und Gemeinden

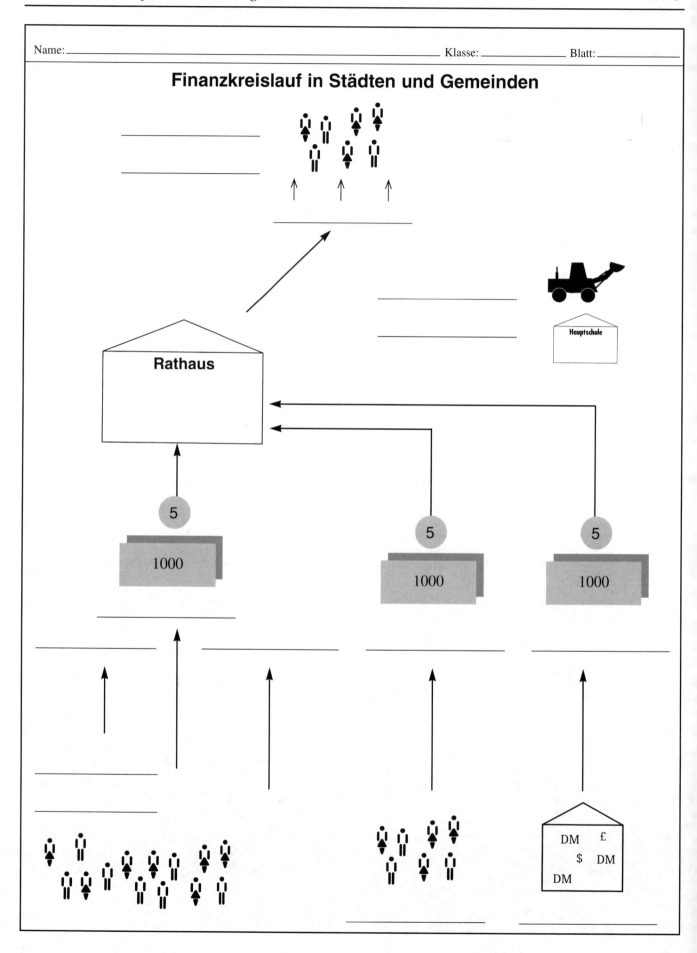

Rathaus

Hauptschule

5

1000

5

1000

5

1000

DM £
$ DM
DM

Name:_____ Klasse:_____ Blatt:_____

Trotz Sparkurs – Stadt macht Rekordschulden

Die neue Minus-Marke: 3,35 Milliarden

Von Alois Segerer

München – Den Finanz-Jongleuren im Rathaus geht's wie vielen Münchnern: Sie können sparen wie sie wollen, trotzdem wachsen ihnen die Schulden über den Kopf. 300 Millionen Mark strich die rot-grüne Rotstift-Truppe aus dem nächsten Jahresetat. Um aber über die Runden zu kommen, muß die Stadt immer noch 400 Millionen pumpen. So tief stand sie noch nie in der Kreide.

Der Schuldenberg der Stadt erreicht die neue Rekordhöhe von 3,35 Milliarden Mark. Das heißt: Jeder Münchner ist via Rathaus mit 2732 Mark im Minus. Allein für Zinsen und Tilgung muß die Stadt im nächsten Jahr knapp 400 Millionen Mark berappen.

Trotz Sparkurs steigen die Ausgaben gegenüber heuer um 5,5 Prozent auf 7,5 Milliarden Mark. Und das sind die größten Geldschlucker: Das Rathaus-Personal, rund 40 000 Mitarbeiter, schlägt mit zwei Milliarden zu Buche. In den letzten zehn Jahren wuchs dieser Betrag um 65 Prozent. Mehr als verdoppelt hat sich im gleichen Zeitraum der Aufwand für Material und

Betrieb, er liegt ebenfalls bei zwei Milliarden Mark. Knapp eine Milliarde gibt die Stadt an Zuschüssen aus, insbesondere im sozialen Bereich. 1,3 Milliarden Mark werden im nächsten Jahr investiert.

Auch wenn die Stadt so noch einmal mit einem blauen Auge davonkommt, für die Zukunft sieht OB Georg Kronawitter schwarz: „Die Schere zwischen Einnahmen und Ausgaben öffnet sich immer weiter." Kronawitter will deshalb zusammen mit OB-Kollegen aus Nürnberg, Würzburg und Regensburg eine Protest-Front der großen bayerischen Städte bilden, die notfalls den Freistaat auf mehr Geld verklagt.

Quelle: Abendzeitung München, Nr. 277 v. 30.11.1991)

Haushalt

1. Vor welchem Problem stand der Stadtrat von München?

_____

_____

_____

2. Wie versuchte man es zu lösen?_____

_____

3. Wie viel Geld musste sich die Stadt leihen, um ihren Haushalt auszugleichen? _____

_____

4. Welche drei Hauptaufgaben der Stadt nennt der Artikel? _____

_____

_____

5. Wer sollte bei den Geldproblemen der großen bayerischen Städte helfen?_____

_____

Der Haushaltsplan der Gemeinde
(Schülerbuch S. 9)

Lehrplanaussagen

LZ 8.1 Die Gemeinde als politischer Handlungsraum

8.1.2 Haushaltsplan

Unterrichtsverlauf

Problemstellung

● Wiederholung, Zusammenfassung der letzten Stunde

Zielangabe: Der Haushaltsplan der Gemeinde

Problemerarbeitung

1. Teilziel: Was ist ein Haushaltsplan?

● Lesen des Artikels 63

2. Teilziel: Vermögenshaushalt - Verwaltungshaushalt

● Buch S. 9, AA 1 bis 7; Tafelanschrift

Problembewertung

● AH 5: Haushaltsplan auswerten

● Gespräch

Hausaufgabe

● Haushaltsplan der eigenen Gemeinde mit der Vorlage vergleichen, Unterschiede notieren

Tafelbild

Der Haushaltsplan der Gemeinde

– wird jährlich vom Gemeinderat verabschiedet
– enthält zu erwartende **Einnahmen** und zu leistende
Ausgaben
– ist gegliedert in:

Verwaltungshaushalt und Vermögenshaushalt

– darf öffentlich eingesehen werden
– muss ausgeglichen sein →

Einnahmen   Ausgaben

Name:_____ Klasse:_____ Blatt:_____

Haushaltsplan auswerten

1. Der Haushaltsplan deiner Heimatgemeinde besteht aus zehn Einzelposten.
Notiere die einzelnen Beträge.

	EINNAHMEN	**AUSGABEN**
1. Allgemeine Verwaltung	_____	_____
2. Öffentliche Sicherheit und Ordnung	_____	_____
3. Schulwesen	_____	_____
4. Wissenschaft, Forschung, Kulturpflege	_____	_____
5. Soziale Sicherung	_____	_____
6. Gesundheit, Sport, Erholung	_____	_____
7. Bau- und Wohnungswesen, Verkehr	_____	_____
8. Öffentliche Einrichtungen, Wirtschaftsförderung	_____	_____
9. Wirtschaftliche Unternehmungen, allgemeine Grund- und Sondervermögen	_____	_____
10. Allgemeine Finanzwirtschaft	_____	_____

2. Addiere die Summe der Einzelposten von Einnahmen und Ausgaben.
Was stellst du fest?

_____

3. Ordne den jeweiligen Vorgang der Einzelplannummer, der Spalte Einnahmen oder Ausgaben
und dem Verwaltungs- oder Vermögenshaushalt zu.

a) Berghausen kauft für 80 000 DM ein Schneeräumfahrzeug.

_____

b) Berghausen erhält Mietzins für Häuser und Grundstücke in Höhe von 85 000 DM.

_____

c) Für die Hauptschule wird eine Computeranlage für 80 000 DM angeschafft.

_____

Die Wahl und Zusammensetzung des Gemeinderats
(Schülerbuch S. 10)

Lehrplanaussagen
LZ 8.1 Die Gemeinde als politischer Handlungsraum
8.1.3 Arbeit im Stadt- und Gemeinderat

Unterrichtsverlauf
Problemstellung
● Lesen des einführenden Textteils, erster Abschnitt

Zielangabe: Wie wird man Gemeinderat?

Problemerarbeitung
1. Teilziel: Wie wird man gewählt?
● Lesen des weiteren Textes
● Buch S. 10, AA 1 und 2

2. Teilziel: Wie viele Mitglieder werden gewählt?
● Buch S. 10, AA 3 und 4; Tafelanschrift
● AH 6: Unser Gemeinde-/Stadtrat

Problembewertung
● Begründe, warum es eine Bürgerpflicht ist, an der Gemeinderatswahl teilzunehmen.

Hausaufgabe
● Buch S. 10, AA 1 als Niederschrift

Medien
FWU 42 42241 - Arbeitsplatz Gemeinde, Aufgaben des Gemeinderats

Tafelbild

Wie wird man Gemeinderat?

a) Wie wird man Mitglied?

b) Wie viele Mitglieder hat der Gemeinderat?

wahlberechtigt – alle Deutschen
- mindestens 18 Jahre alt
- müssen seit 3 Monaten
in der Gemeinde wohnen

wählbar: – alle Deutschen
- mindestens 18 Jahre alt
- müssen seit 6 Monaten
in der Gemeinde wohnen

Gemeinderat
↑
Anzahl der Mitglieder
↕
Anzahl der Einwohner
↑
der Stadt, Gemeinde

Name: _____ Klasse: _____ Blatt: _____

Unser Gemeinde- /Stadtrat

Ort _____ Gemeinderatsmitglieder _____

_____ Stadtratsmitglieder_____

Gemeinderat/Stadtrat	Alter	Beruf	Partei/Verein/Organisation

1. Erkundige dich auf der Gemeinde über die Mitglieder und trage deine Ergebnisse ein.

Anzahl der Gemeinderatsmitglieder _____ = 100%

_____ Beamte = _____ % _____ bis 30 Jahre = _____ %

_____ Angestellte = _____ % _____ bis 40 Jahre = _____ %

_____ Arbeiter = _____ % _____ bis 50 Jahre = _____ %

_____ Landwirte = _____ % _____ bis 60 Jahre = _____ %

_____ Selbstständige = _____ % _____ darüber = _____ %

_____ _____

_____ davon Frauen = _____ %

2. Berechne die jeweiligen Prozentsätze und trage die Werte ein.
   Stelle die ermittelten Werte in einem Kreis- oder Säulendiagramm dar.

3. Sind alle Berufs- und Altersgruppen ausreichend vertreten? Begründe deine Meinung.

Die Bürgermeisterwahl
(Schülerbuch S. 10)

Lehrplanaussagen
LZ 8.1 Die Gemeinde als politischer Handlungsraum
8.1. Die Arbeit im Stadt- und Gemeinderat

Unterrichtsverlauf
Problemstellung
- Wiederholung Gemeinderatswahl

Zielangabe: Die Bürgermeisterwahl

Problemerarbeitung
- Lesen des Artikels 29
- Buch S.10, AA 5 bis 6; Tafelanschrift

Problembewertung
- Unterschiede zwischen Bürgermeisterwahl und Gemeinderatswahl bewerten
- Hausaufgabe Buch S. 10, AA 7

Tafelbild

Der Bürgermeister – Chef im Rathaus

Wie wird der Bürgermeister gewählt?

−wahlberechtigt: alle Bürger, die auch den

Gemeinderat wählen

−wählbar: - Alter: bei Amtsantritt mind. 21 Jahre

höchstens 65 Jahre

- muss mind. 6 Monate in der Gemeinde wohnen

- muss mehr als die Hälfte der Stimmen bekommen

Entscheidungen in der Gemeinde
(Schülerbuch S. 11)

Lehrplanaussagen
LZ 8.1 Die Gemeinde als politischer Handlungsraum
8.1.2 Arbeit im Stadt-/Gemeinderat, Besuch einer
Gemeinderatssitzung
8.1.4 Kommunalwahlen

Unterrichtsverlauf
Problemstellung
- über die Grafik

Zielangabe: Bürgermeister und Gemeinderat arbeiten
zusammen

Problemerarbeitung
1. Teilziel: Aufgaben des Bürgermeisters
- Buch S. 11, AA 1 bis 3

2. Teilziel: Zusammenarbeit im Gemeinderat
- Buch S. 11, AA 4 bis AA 5
- AH 7: Gemeinderat und Bürgermeister arbeiten zusammen
- AH 8: Interview mit dem Bürgermeister
- AH 9: Aufgabenblatt
- Tafelanschrift

Problembewertung
- Begründe, warum der Begriff Demokratie auf die
  Entscheidungen in der Gemeinde zutrifft.
- Gespräch
- Besuch einer Gemeinderatssitzung

Hausaufgabe
- AH 11: Gemeinderat und Bürgermeister
- Buch S. 11, AA 6 bis AA 7

Medien
FWU 42 42337 - Aufgaben des Bürgermeisters
FWU 42 42341 - Aufgaben des Gemeinderats
FWU 12 04014 - Gemeindeorgane

Tafelbild

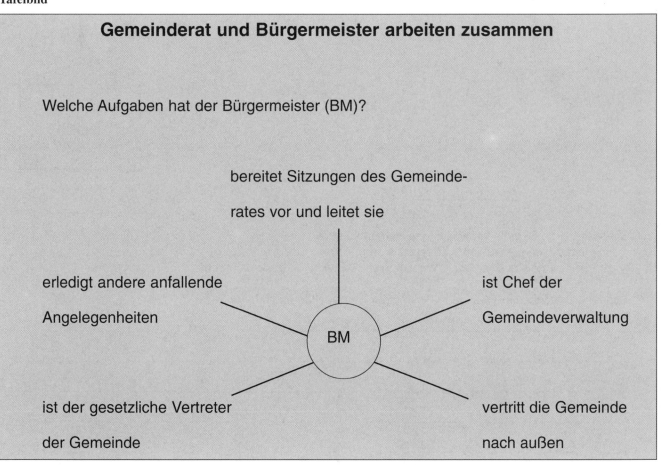

Gemeinderat und Bürgermeister arbeiten zusammen

Welche Aufgaben hat der Bürgermeister (BM)?

bereitet Sitzungen des Gemeinderates vor und leitet sie

erledigt andere anfallende Angelegenheiten

ist Chef der Gemeindeverwaltung

BM

ist der gesetzliche Vertreter der Gemeinde

vertritt die Gemeinde nach außen

Name:_____ Klasse:_____ Blatt:_____

Gemeinderat und Bürgermeister arbeiten zusammen

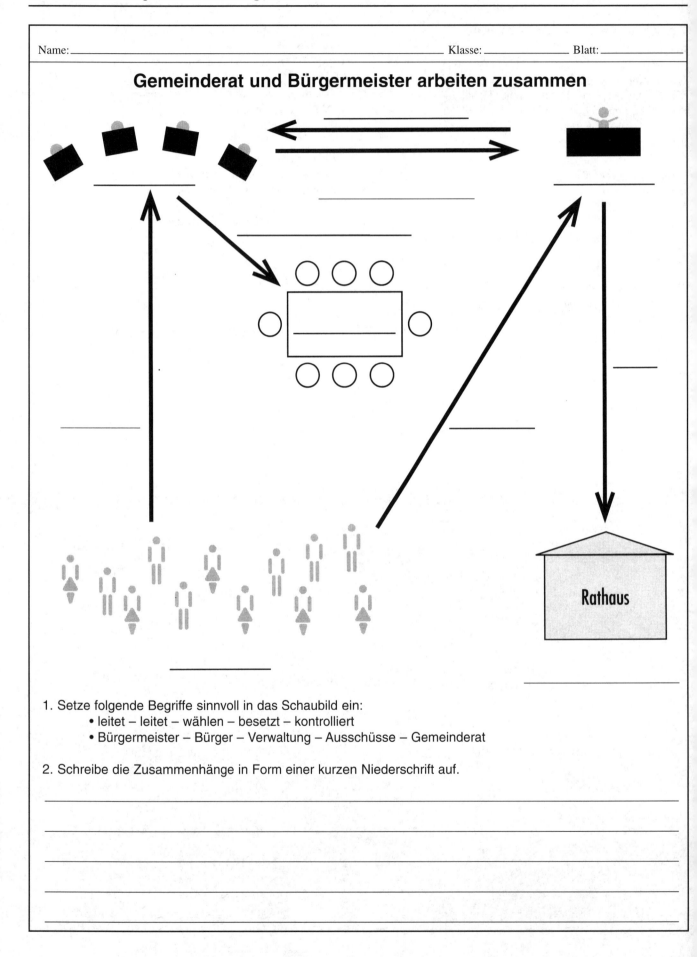

Rathaus

1. Setze folgende Begriffe sinnvoll in das Schaubild ein:
   - leitet – leitet – wählen – besetzt – kontrolliert
   - Bürgermeister – Bürger – Verwaltung – Ausschüsse – Gemeinderat

2. Schreibe die Zusammenhänge in Form einer kurzen Niederschrift auf.

_____

_____

_____

_____

Name:_____ Klasse:_____ Blatt:_____

Interview mit dem Bürgermeister

Redakteure einer Schülerzeitung führen ein Interview mit ihrem Bürgermeister. Sie wollen einen Artikel über seine vielfältigen Aufgaben verfassen.

SZ (Schülerzeitung) BM (Bürgermeister)

SZ: Herr Bürgermeister, im letzten Januar war in unserer Schule an einem Freitag plötzlich die Heizung defekt. Wie konnte sie so schnell repariert werden, so dass am nächsten Montag nicht einmal die Schule ausfiel?

BM: In einem solchen Fall, man spricht dann von unaufschiebbaren Geschäften, bin ich berechtigt, die notwendigen Reparaturaufträge auch ohne Zustimmung des Gemeinderats in die Wege zu leiten. Deshalb konnte die Heizung schon am Samstag wieder in Ordnung gebracht werden.

SZ: Gibt es noch andere Angelegenheiten, die Sie ohne den Gemeinderat entscheiden können? Ist dies irgendwo gesetzlich festgelegt?

BM: Ja, der Artikel 37 der Gemeindeordnung regelt das. Angelegenheiten der Verteidigung oder zum Schutz der Zivilbevölkerung, die den Gemeinden vom Bund übertragen wurden, oder Angelegenheiten, die im Interesse der Bundesrepublik geheim zu halten sind, kann ich, wie es in Artikel 37 heißt, in eigener Zuständigkeit erledigen.

SZ: Gibt es auch weniger ernste Seiten ihrer Arbeit?

BM: Selbstverständlich. Erst letzte Woche konnte ich die neue Gemeindestraße in Hausen einweihen, am Donnerstag war ich Ehrengast bei der Ausstellungseröffnung und später auch, wie ihr ja wisst, bei euerem Schulfest und gestern war der Bieranstich am Volksfest. Diese Aufgaben nennt man Repräsentationsaufgaben.

SZ: Sind Sie auch bei den Gemeinderatssitzungen dabei?

BM: Natürlich, ich bereite Gemeinderatssitzungen vor, leite sie und muss rechtswidrige Gemeindebeschlüsse beanstanden. Auch die Ausschusssitzungen werden von mir geleitet.

SZ: Bleibt da noch Zeit für die Zusammenarbeit mit der Gemeindeverwaltung?

BM: Auch das, ich leite ja die Gemeindeverwaltung im Rathaus, so dass ich engen Kontakt zur Gemeindeverwaltung halten kann. Ich bin Dienstvorgesetzter aller Gemeindebeamten und führe Dienstaufsicht über die Gemeindeangestellten.

SZ: Wir als Jugendliche freuen uns besonders über das neue Sportgelände an der Scheidstraße. Haben wir das Ihnen zu verdanken?

BM: Natürlich nicht nur mir. Viele Bürger unserer Gemeinde haben an diesem Vorhaben mitgewirkt. Nachdem alle Sachfragen geklärt waren, fand im Gemeinderat die Abstimmung statt, der Bau konnte beginnen. Allerdings war ich, als der gesetzliche Vertreter der Gemeinde nach außen, Vertragspartner beim Grundstückskauf des neuen Sportgeländes.

SZ: Herr Bürgermeister, wir danken Ihnen für dieses informative Gespräch.

Name:_____ Klasse:_____ Blatt:_____

Aufgabenblatt zum Interview mit dem Bürgermeister

Aus der Gemeindeordnung:

GO Art. 36
Der erste Bürgermeister führt den Vorsitz im Gemeinderat und vollzieht seine Beschlüsse. Soweit er persönlich beteiligt ist, handelt sein Vertreter.

GO Art. 37 (1)
Der erste Bürgermeister erledigt in eigener Zuständigkeit
1. die laufenden Angelegenheiten, die für die Gemeinde keine grundsätzliche Bedeutung haben und keine erhebliche Verpflichtung erwarten lassen.
2. die den Gemeinden durch ein Bundesgesetz oder auf Grund eines Bundesgesetzes übertragenen hoheitlichen Aufgaben in Angelegenheiten der Verteidigung ...
3. die Angelegenheiten, die im Interesse der Sicherheit der Bundesrepublik oder eines ihrer Länder geheim zu halten sind ...

GO Art. 37 (3)
Der erste Bürgermeister ist befugt, an Stelle des Gemeinderats oder eines Ausschusses dringliche Anordnungen zu treffen und unaufschiebbare Geschäfte zu besorgen. Hiervon hat er dem Gemeinderat oder dem Ausschuss in der nächsten Sitzung Kenntnis zu geben.

GO Art. 37 (4)
Der erste Bürgermeister führt die Dienstaufsicht über die Beamten, Angestellten und Arbeiter der Gemeinde.

GO Art. 38 (1)
Der erste Bürgermeister vertritt die Gemeinde nach außen.

1. *Lies das Gespräch mit dem Bürgermeister aufmerksam durch und ergänze dann das Schaubild.*
2. *Alle Aufgaben, die der Bürgermeister den Schülerzeitungsredakteuren erläutert hat, sind auch in der Gemeindeordnung genau festgelegt.*
   a) *Suche die Stelle im Gesetzestext, auf die der Bürgermeister seine Aussagen bezieht und unterstreiche sie.*
   b) *Notiere die Fundstelle zum jeweiligen Aufgabenbereich auf das Schaubild.*

_____aufschiebbare

_____ auch ohne

_____

des Gemeinderats

Art. _____ Abs. _____

in _____
Zuständigkeit
• Angelegenheiten der

_____

• Schutz der

_____

• Angelegenheiten die

_____ sind
(Aufgaben, die den Gemeinden von der BRD übertragen wurden)

Art. _____ Abs. _____

_____
_____

Art. _____ Abs. _____

_____
Vertreter
der Gemeinde bei
Rechtsgeschäften

Art. _____ Abs. _____

• _____
beim Schulfest oder einer Ausstellungseröffnung

• _____von
Gebäuden, Straßen etc.

• _____ am
Volksfest

= _____
aufgaben

leitet und bereitet vor:

_____

Art. _____

Möglichkeiten der Mitwirkung
(Schülerbuch S. 12)

Lehrplanaussagen
LZ 8.1 Die Gemeinde als politischer Handlungsraum
8.1.2 Arbeit im Stadt-/Gemeinderat, Besuch einer
Gemeinderatssitzung
8.1.4 Kommunalwahlen
8.1.5 Jugendliche engagieren sich

Unterrichtsverlauf
Problemstellung
● Fallbeispiel lesen
● Einbringen eigener Erfahrungen mit geplanten Projekten
  und Anregungen im Bereich der Gemeinde

Zielangabe: Wie bekommt Berghausen einen
Minigolfplatz?

Problemerarbeitung
1. Teilziel: Wer kann einen Antrag stellen?
● Buch S. 12, AA 1 bis 3
● Ideensammlung AA 4

2. Teilziel: Wie kann der Bürger am politischen Leben teilnehmen?
● Sammeln von Schülervorschlägen (AA 4); Tafelanschrift

Problembewertung
● Welche Aktionen werden am meisten Erfolg haben?
  Begründe.

Hausaufgabe
● Male ein Plakat, mit dem du andere Schüler für das
  Projekt gewinnen kannst.

Medien
FWU 32 10209 - Ihr müsst die Sache selbst in die Hand
nehmen
FWU 43 599/41 458 - Jo und Anna im Rathaus

Tafelbild

Wie bekommt Berghausen einen Minigolfplatz?
oder
Eine Idee wird Wirklichkeit

1. Wer kann beim Gemeinderat einen Antrag stellen?

Antrag

– der Bürger-
  meister

– jedes Gemeinderats-
  mitglied

– mehrere Gemeinderatsmitglieder zusammen

2. Wie kann der Bürger in seiner Gemeinde mitwirken?
- einen Informationsstand einrichten
- Gespräche mit Sachverständigen führen
- eine Meinungsumfrage durchführen und die
  Ergebnisse veröffentlichen
- einen Leserbrief schreiben
- beim Bürgermeister vorsprechen
- Vereine befragen und/oder informieren

Möglichkeiten der Mitwirkung
(Schülerbuch S. 13)

Lehrplanaussagen
LZ 8.1 Die Gemeinde als politischer Handlungsraum
8.1.2 Arbeit im Stadt-/Gemeinderat, Besuch einer
Gemeinderatssitzung
8.1.4 Kommunalwahlen
8.1.4 Bürgerversammlung, Bürgerbegehren,
Bürgerentscheid
8.1.5 Jugendliche engagieren sich

Unterrichtsverlauf
Problemstellung
● Anknüpfung an die letzte Stunde
● Buch S. 13, AA 1

Zielangabe: Am politischen Leben teilnehmen

Problemerarbeitung
● Buch S. 13, AA 2 bis 6

Problembewertung
● Begründe, warum der Bürgerentscheid auch einen hohen
demokratischen Rang beinhaltet.

Hausaufgabe
● Mit welchen Argumenten kannst du jemand überzeugen,
an einem Bürgerentscheid teilzunehmen?

Medien
FWU 32 02636 - Bürgerinitiativen bei der
Flughafenplanung

Tafelbild

> ## Wo kann sich der Bürger über Aktuelles
> ## in seiner Gemeinde informieren?
>
> – Bürgermeister oder Gemeinderäte während
>   ihrer Sprechstunden aufsuchen
> – Lokal- und Heimatzeitungen genau lesen
> – Parteiversammlungen besuchen
> – an der Bürgerversammlung teilnehmen
> – öffentliche Gemeinderatssitzungen besuchen
> – sich bei Bürgerbegehren informieren
> – am Bürgerentscheid nach eigener Meinungsbildung teilnehmen
>
> Merke: Ohne _____ Informationen
>
> kannst du dir kein ausgewogenes
>
> _____ bilden!
>
> Erst _____, dann _____!

Der Gemeinderat entscheidet
(Schülerbuch S. 14-17)

Lehrplanaussagen
LZ 8.1 Die Gemeinde als politischer Handlungsraum
8.1.2 Arbeit im Stadt-/Gemeinderat, Besuch einer
Gemeinderatssitzung
8.1.4 Kommunalwahlen
8.1.4 Bürgerversammlung, Bürgerbegehren,
Bürgerentscheid
8.1.5 Jugendliche engagieren sich

Unterrichtsverlauf
Problemstellung
- Fallbeispiel Frau Ruhnke lesen
- Buch S. 14, AA 1 bis 3
- Gespräch

Zielangabe: Der Gemeinderat trifft demokratische
Entscheidungen.

Problemerarbeitung
1. Teilziel: Die schriftliche Vorlage
- Buch S. 15, AA 1 bis AA 4
- Gespräch über die Bedeutung der Vorlage für jeden
  Gemeinderat

2. Teilziel: Arbeit in den Ausschüssen
- Lesen der Texte
- Art. 47, 48, 51
- Buch S. 16, AA 1 bis 6

3. Teilziel: Die demokratische Entscheidung
- Lesen des Briefes
- Aussprache, Vermutungen
- Lesen des Textes
- Buch S. 17, AA 1 und 2

Problembewertung
- Verbalisierung der Skizze 17.1
- Buch S. 17, AA 3
- AH 10: So arbeitet der Gemeinderat.

Hausaufgabe
- AH 12: Lernzielkontrolle

Tafelbild

Der Gemeinderat trifft demokratische Entscheidungen

1. Öffentlich geäußerte Meinungen beeinflussen Entscheidungen

  – private Stellungnahme: eine Einzelperson äußert sich öffentlich
            zu einem Problem

  – veröffentlichte Gruppenmeinung: ein Verein, eine Partei oder eine Bürger-
            initiative äußern sich öffentlich zu einem
            Problem

  – amtliche Verlautbarung: eine amtliche, gemeindliche oder staatliche
            Stelle gibt öffentlich etwas bekannt

2. Um Entscheidungen wird fair gerungen:

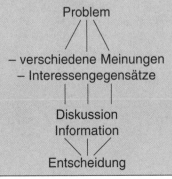

       Problem
       / | \
 – verschiedene Meinungen   z. B. Schwimmbad – Minigolfplatz
 – Interessengegensätze   (Schwimmverein) (Jugendliche von
       | | | Berghausen)
     Diskussion
     Information
      \ | /
    Entscheidung

Name: Klasse: Blatt:

So arbeitet der Gemeinderat

Ordne Namen, Daten und Ereignisse des Fallbeispiels aus deinem Schülerbuch eines von dir gewählten Vorhabens in deiner Heimatgemeinde der Grafik richtig zu:

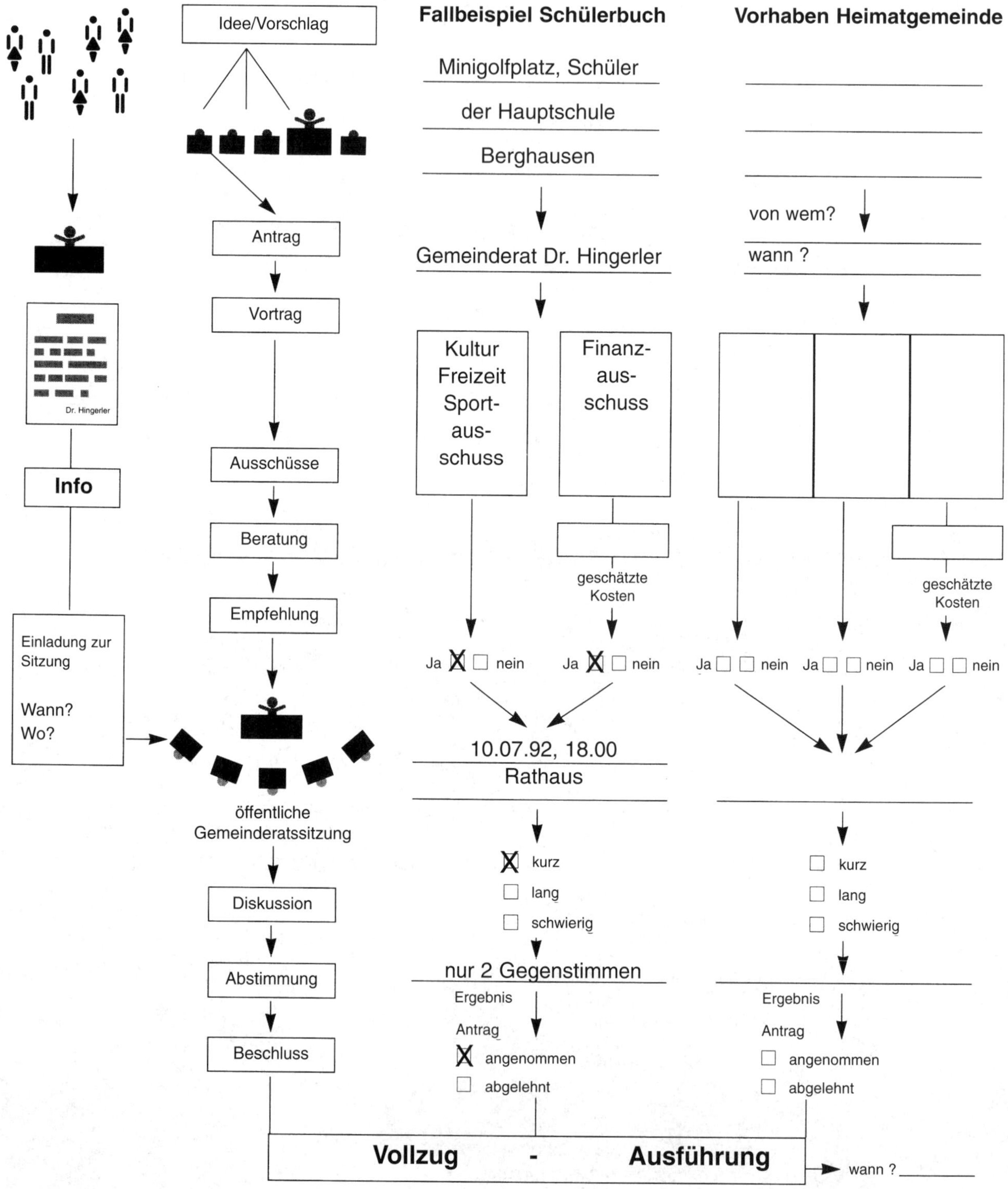

		Fallbeispiel Schülerbuch	**Vorhaben Heimatgemeinde**

Idee/Vorschlag

Minigolfplatz, Schüler

der Hauptschule

Berghausen

Antrag

Vortrag

Gemeinderat Dr. Hingerler

von wem?

wann ?

Info

Ausschüsse

Kultur Freizeit Sport- aus- schuss

Finanz- aus- schuss

Beratung

Empfehlung

geschätzte Kosten

geschätzte Kosten

Einladung zur Sitzung

Wann?
Wo?

Ja ☒ ☐ nein   Ja ☒ ☐ nein

Ja ☐ ☐ nein   Ja ☐ ☐ nein   Ja ☐ ☐ nein

10.07.92, 18.00
Rathaus

öffentliche Gemeinderatssitzung

Diskussion

☒ kurz
☐ lang
☐ schwierig

☐ kurz
☐ lang
☐ schwierig

Abstimmung

nur 2 Gegenstimmen

Ergebnis

Antrag
☒ angenommen
☐ abgelehnt

Ergebnis

Antrag
☐ angenommen
☐ abgelehnt

Beschluss

Vollzug - Ausführung   → wann ? _____

Lösungsvorschläge
„Jetzt bin ich fit"
(Schülerbuch S. 18)

1. Begründe, warum die vier Bilder sinnvoll angeordnet sind.

Bild links: Wappen der Bundesrepublik Deutschland

Bild halblinks: Wappen des Freistaates Bayern

Bild halbrechts: Wappen des Regierungsbezirks Oberbayern

Bild rechts: Wappen der Gemeinde Ottobrunn

2. Nenne einige Ämter der Gemeindeverwaltung:

z. B. – Standesamt

       – Gewerbeamt

       – Meldeamt

       – Wahlamt

       – Amt für soziale Angelegenheiten

       – Gemeindesteueramt

3. Berichtige folgende Aussagen:

– Der Gemeinderat wird von den Gemeindebürgern gewählt.

– Ein Gemeinderat kann in seiner Eigenschaft als Gemeindebürger an der Wahl des Bürgermeisters teilnehmen.

– Der Bürgermeister leitet die Gemeindeverwaltung.

– Erhält kein Bewerber mehr als die Hälfte der abgegebenen Stimmen, so findet eine Stichwahl unter den zwei Bewerbern mit dem höchsten Stimmenanteil statt.

4. „In einer Gemeinde kann man auf die Politik keinen Einfluss nehmen." Widerlege diese Behauptung durch Beispiele.

Jeder Gemeindebürger kann:

– an einer Bürgerversammlung teilnehmen und dort seine Meinung äußern,

– einer Bürgerinitiative beitreten, die seine Interessen vertritt,

– ein Bürgerbegehren anregen oder durch seine Unterschrift unterstützen,

– einen Leserbrief an die Lokalzeitung schreiben,

– sich mit Wünschen an ein Gemeinderatsmitglied oder den Bürgermeister wenden,

– einer politischen Partei beitreten,

– unter bestimmten Voraussetzungen für den Gemeinderat kandidieren (siehe auch Seite 10)

5. Erkläre die Begriffe:

– Bürgerversammlung:

Versammlung der Gemeindebürger, in der über aktuelle Themen diskutiert wird; Beschlüsse der Bürgerversammlung müssen im Gemeinderat behandelt werden;

– Bürgerinitiative:

Zusammenschluss von Bürgern mit dem Ziel gemeinsame Interessen durchzusetzen;

– Bürgerentscheid:

Nach einem erfolgreichen Bürgerbegehren dürfen Gemeindebürger an der Entscheidung teilnehmen;

– Ausschuss:

Teil des Gemeinderats, der sich mit einem bestimmten Themenkreis befasst, zum Beispiel „Schul- und Kulturausschuss".

6. „Die Gemeinde darf nur soviel Geld ausgeben, wie sie einnimmt." Erkläre.

Der Haushaltsplan einer Gemeinde muss ausgeglichen sein. Übersteigen die Ausgaben einer Gemeinde jedes Jahr ihre Einnahmen, muss sie den Fehlbetrag jeweils über (teure) Kredite finanzieren.

7. Nenne drei Einnahmequellen der Gemeinden.

– Steuern:

z. B. Gewerbesteuer, Hundesteuer, Grundsteuer, Getränkesteuer

– Zuschüsse:

vom Freistaat Bayern oder der Bundesrepublik Deutschland

– Gebühren und Beiträge:

z. B. für das Ausstellen eines Reisepasses, für eine Heiratsurkunde, Abholung von Hausmüll

8. Erkläre den Unterschied zwischen laufenden und einmaligen Kosten einer Gemeinde an einem Beispiel.

Schule:

einmalige Kosten: Anteil der Gemeinde an den Baukosten des Gebäudes

laufende Kosten: z. B. Kosten für die Reinigung des Gebäudes oder Kosten für die Anschaffung von neuen Schulbüchern

2. Europa im Überblick
Lage, Abgrenzung und naturräumliche Gliederung
(Schülerbuch S. 19)

Lehrplanaussagen
LZ 8.2 Europa
8.2.1 Europa im Überblick
- Lage und Abgrenzung
- naturräumliche Grobgliederung

Unterrichtsverlauf
Raumbegegnung
- Stummer Impuls: Bekannte „Ansichten" aus Europa z. B. Bauwerke, naturgeographische Phänomene, Stadtbilder ...
- Schüler betrachten, benennen den Inhalt der Bilder; Erkenntnis: Bilder aus Europa

Zielangabe: Europa im Überblick

Raumbetrachtung
- Text Schülerbuch S. 19 - Begriffserklärung
- Erkenntnis siehe Tafelanschrift:
  Europa = Halbinsel Asiens
  Europa + Asien = Eurasien
- AA1 Schülerbuch S. 19
  Demonstrationsglobus evtl. Handgloben für Gruppenarbeit
  Erkenntnis an Tafel (siehe Tafelanschrift)

- AA 2 Grenzen
  - Stillarbeit - Gruppenarbeit
  - Erkenntnisse an Tafel (siehe Tafelanschrift)
- AA 3 Gebirge
  - Stillarbeit - Partnerarbeit
  - Erkenntnisgewinnung an Tafel (siehe Tafelanschrift) Verortung und Beschreibung der Lagebeziehungen mündlich im Klassengespräch
- AA 4 Tiefebenen
  - Stillarbeit - Gruppenarbeit
  - Erkenntnisse an Tafel (siehe Tafelanschrift)
- AA 5 Flüsse
  - Stillarbeit - Partnerarbeit
  - Erkenntnisse an Tafel (siehe Tafelanschrift)
  - Beschreibung des Flusslaufs Quelle - Mündung mündlich unter Angabe von Himmelsrichtungen
    Sicherung: Hefteintrag - Tafelbild

Hausaufgabe/Vertiefung:
- AH 11

Weiterführende Langzeitaufgabe/Projektvorschlag
- Sammeln von Postkarten, Kalenderbildern, Fotos, Illustriertenbildern ... zum Thema Europa
- Verorten der gesammelten Bilder auf einer stummen Europakarte im Klassenzimmer durch Zuordnen der Bilder in die Karte mittels Wollfäden und Stecknadeln

Tafelbild

Europa im Überblick

Europa = Lage:	Halbinsel Asiens - Europa + Asien = Eurasien Nordhalbkugel der Erde - nördlich Afrikas, östlich Amerikas, westlich Asiens zwischen 25 wL 60 öL - 37 nB 78 nB
Grenzen:	N: Barentssee W: Atlantischer Ozean S: Mittelmeer O: Ural, Kaspisches Meer, Schwarzes Meer
Gebirge:	O: Ural N: Skandinavisches Gebirge, Mitteleuropa: Alpen, Karpaten, Zentralmassiv, S: Sa. Nevada, Pyrenäen, Pindos, Rhodopen, Balkan, Dinarisches Gebirge, Apenninen
Tiefebenen:	Pariser Becken, Norddeutsches Tiefland, Alföld, Baltischer Landrücken, Pripjetsümpfe, Nordrussisches Tiefland, Walachei, Poebene

Name: _____ Klasse: _____ Blatt: _____

Kennst du dich in Europa aus?

Setze in die Symbole auf der stummen Karte den richtigen Buchstaben bzw. die richtige Zahl ein. Wenn du dir nicht ganz sicher bist, verwende deinen Atlas.

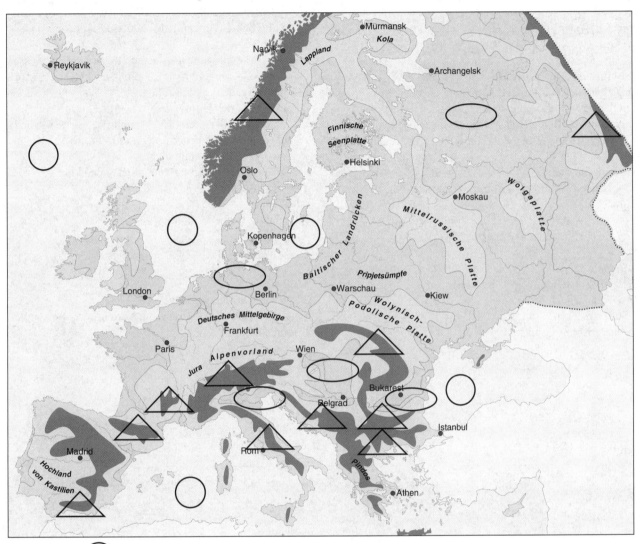

1. Meere ◯

    1 = Mittelmeer   2 = Atlantischer Ozean   3 = Nordsee   4 = Ostsee

    5 = Schwarzes Meer

2. Gebirge △

    a = Skandinavisches Gebirge b = Apenninen   c = Ural

    d = Dinarisches Gebirge   e = Balkan   f = Alpen   g = Pyrenäen

    h = Zentralmassiv   i = Karpaten   j = Rhodopen   k = Sa. Nevada

3. Tiefländer ⬭

    A = Nordrussisches Tiefland B = Norddeutsches Tiefland

    C = Pariser Becken   D = Poebene   E = Walachei   F = Alföld

Klimazonen
(Schülerbuch S. 20)

Lehrplanaussagen
LZ 8.2 Europa
8.2.1 Europa im Überblick
– Klima - und Vegetationszonen M 8.5.2

Unterrichtsverlauf
Hinführung
- Impuls: Kontrastierende Bilder
  a) Bergsteiger auf einem Gletscher in den Alpen
  b) Badeurlauber am Strand in Spanien
- Schüler betrachten, äußern sich spontan
- Lehrerimpuls: Beide Bilder sind an verschiedenen Orten Europas aber zur selben Zeit, am selben Tag aufgenommen.
– Klassengespräch
– Erkenntnis: Nicht überall in Europa herrscht das gleiche Klima

Zielangabe: Klimazonen in Europa (TA)

Erarbeitung
1. Teilziel: Entstehung von Klimazonen
- Text Schülerbuch S. 20
  – Stilles Erlesen
  – Rückgriff auf Grundwissen 7. Jg.

– Klassengespräch
– Fixierung der Erkenntisse an Tafel (siehe Tafelanschrift)
1. Teilwiederholung: mündlich

2. Teilziel: Klimazonen in Europa
- Thematische Karte Schülerbuch S. 20 „20.1 Das Klima Europas"
- AA 1, 2, 3 siehe dazu auch AH 12
  – Stillarbeit Gruppenarbeit, Partnerarbeit oder Einzelarbeit
  – Arbeitsvereinigungsphase: Vorstellen der Ergebnisse (AH 12) - Vergleich der Ergebnisse - evtl. Korrektur bzw. Ergänzung der Ergebnisse
  – Fixierung des Grundwissens an Tafel (siehe Tafelanschrift) alternativ: Filmeinsatz (siehe Medien) einzeln oder als Ergänzung zum Buch
2. Teilwiederholung: mündlich
Gesamtzusammenfassung: mündlich anhand der Tafelanschrift
oder
Filmeinsatz (siehe Medien)

Sicherung: Eintrag Tafelbild

Medien:
3210331 - Das Klima in Europa
3210264 - Klima in Sibirien und Mittelasien - Beispiel des Kontinentalklimas

Tafelbild

Klimazonen Europas

– **Abhängigkeit der Klimazonen von:**
- • Breitenlage (Pol- oder Äquatorlage)
- • Höhenlage (Hochland, Tiefland)
- • Lage zum Meer (See- oder Landklima, Meeresströmung)

– **Verschiedene Klimazonen in Europa:**
- • Polares Klima
- • Kontinentales Klima
- • Übergangsklima
- • Ozeanisches Klima
- • Mittelmeerklima

Name: _____ Klasse: _____ Blatt: _____

Klimazonen in Europa

	Polares Klima Vardö	Kontinentales Klima Moskau	Übergangsklima München	Ozeanisches Klima Aberdeen (Schottland)	Mittelmeerklima Athen
Höchste Temperatur					
Niedrigste Temperatur					
Zeitraum unter 0° C					
Zeitraum über 0° C					
Niederschlags-maximum					
Niederschlags-minimum					
Monate mit hohem Niederschlag					
Monate mit niedrigem Niederschlag					
Vegetationszonen (Anteil an Klimazonen)					
Länder z. B.					

Vegetationszonen
(Schülerbuch S. 21, AH 15)

Lehrplanaussagen
LZ 8.2 Europa
8.2.1 Europa im Überblick
– Klima – und Vegetationszonen M 8.5.2

Unterrichtsverlauf
Motivation
- Stummer Impuls: Kontrastierende Bilder
  a) Steppe
  b) Polargebiete
- Schüler betrachten, äußern sich spontan

Zielangabe: Vegetationszonen in Europa

Erarbeitung
1. Teilziel: Was sind Vegetationszonen?
- Text Schülerbuch S. 21
  – Lesen des Textes
  – Klassengespräch
  – Erkenntnisgewinnung, Fixierung an Tafel (siehe Tafelanschrift)
1. Teilwiederholung: mündlich

2. Teilziel: Vegetationszonen in Europa
- Thematische Karte Schülerbuch S. 21 „21.1 Vegetationszonen Europas"
  AA 1, 2, 3 siehe dazu auch AH 12
  – Stillarbeit – Gruppen-, Partner- oder Einzelarbeit (evtl. auch arbeitsteilig)
  – Arbeitsvereinigungsphase: Sammeln der Ergebnisse (von AH 15), besprechen, korrigieren oder ergänzen der Ergebnisse, dabei Einsatz von Medien (Film, Dia – siehe Medien) zur Veranschaulichung bzw. zur Erarbeitung der Charakteristika der Vegetationszonen denkbar
- Fixierung der Ergebnisse an Tafel oder AH 12
2. Teilwiederholung: mündlich
  Gesamtzusammenfassung: mündlich anhand der Tafelanschrift

Sicherung
Hefteintrag – Tafelanschrift

Medien
1002056 – Naturlandschaft des Mittelmeerraumes
1003217 – Anpassung von Pflanzen: Standort Alpen
3210004 – Mittelmeerraum

Tafelbild

Vegetationszonen in Europa

– Erklärung „Vegetationszone"
Pflanzen passen sich an – Klima und Bodenbeschaffenheit eines Raumes

---

– Verschiedene Vegetationszonen Europas

- Tundra

- Taiga

- Laub- und Mischwaldzone

- Mittelmeervegetation

- Steppe

**Politische Gliederung – Nationalstaaten
Politische Zusammenschlüsse – neutrale
Staaten**
(Schülerbuch S. 22-24)

Lehrplanaussagen
LZ 8.2 Europa
8.2.1 Europa im Überblick
– politische Gliederung: Nationalstaaten, politische
Zusammenschlüsse, neutrale Staaten

Unterrichtsverlauf
(Doppelstunde)
Motivation/Einstieg
● Unterrichtsgespräch: Thema: Vereintes Europa –
Einführung des „Euro"
● evtl. aktueller Zeitungsausschnitt als Gesprächsgrundlage
oder Europaflagge als stummer Impuls = Gesprächsanlass
● Spontanäußerungen = Abfragen des Vorwissens der
Schülerinnen und Schüler

Zielangabe: Politische Gliederung Europas

Erarbeitung
1. Teilziel: Nationalstaaten
● Text Schülerbuch S. 22 „Nationalstaaten" AA 1
– stilles Erlesen
– Partnergespräch
– Klassengespräch
– Erkenntnisgewinnung
– Fixierung der Erkenntnisse an Tafel (siehe
Tafelanschrift)

● AA 2 – Atlasarbeit
– Verwendung von AH 13
– Stillarbeit – Gruppenarbeit,
Partnerarbeit, Einzelarbeit
– Klassengespräch: Sammeln der Ergebnisse: vergleichen,
ergänzen, korrigieren
– Ergebnisfixierung auf AH 13 bzw. Tafel
1. Teilwiederholung: mündlich

2. Teilziel: Politische Zusammenschlüsse in Europa
● Text Schülerbuch S. 22 AA 3
– Stilles Erlesen
– Erkenntnisgewinung im Unterrichtsgespräch
– Fixierung der Ergebnisse an Tafel (siehe Tafelanschrift)
Thematische Karten Schülerbuch S. 23, 24
● 23.1 Europakarte mit EU-Ländern, EFTA-Ländern,
EWR-Ländern
● 24.1 Weltkarte mit NATO-Ländern, OSZE-Ländern,
WEU-Ländern
● Texte Schülerbuch S. 23, 24
● AA 1-5 Schülerbuch S. 24
– Verwendung von AH 14
– Stillarbeit, Gruppen-, Partner- oder Einzelarbeit
– Unterrichtsgespräch
– Erkenntnisgewinnung, Fixierung an Tafel (siehe
Tafelanschrift) bzw. auf AH
2. Teilwiederholung: mündlich
Gesamtwiederholung: anhand der Tafelanschrift – Eintrag
des Tafelbildes

Ausweitung
● AA 6 Schülerbuch S. 24

Tafelbild

Politische Gliederung Europas

Nationalstaaten
– nur eine Nation, ein Volk mit
gleicher Sprache, Kultur, Abstammung,
Geschichte
– Beispiel: Frankreich, Deutschland,
z. Zt. 43 Staaten

Vielvölkerstaaten
– Angehörige mehrerer
Völker leben auf
gemeinsamem Raum
– ehem. Sowjetunion,
Jugoslawien

Politische Zusammenschlüsse
(seit 2. Weltkrieg: politische, wirtschaftliche, militärische Zusammenschlüsse entstehen)
– EU – Europäische Union
– EFTA – Europäische Freihandelszone
– EWR – Europäischer Wirtschaftsraum
– NATO – Nordatlantische Verteidigungsorganisation
– OSZE – Organisation für Sicherheit und Zusammenarbeit
– WEU – Westeuropäische Union

Name:_____ Klasse:_____ Blatt:_____

Länder und ihre Hauptstädte

Ergänze folgende Übersicht. Schaue bei Schwierigkeiten in deinem GSE-Buch auf Seite 22 nach.

Land	Hauptstadt	Land	Hauptstadt
Andorra			Wien
Weißrussland			Warschau
Belgien			Lissabon
Bosnien-Herzegowina		Rumänien	
		Russland	
	Sofia	San Marino	
		Schweiz	
	Prag		
	Vatikanstadt		Madrid
	Kopenhagen		Helsinki
	Berlin		Paris
Estland			Athen
Irland			Zagreb
	Tirana	Island	
	Ljubljana	Liechtenstein	
		Litauen	
Slowakische Republik		Luxemburg	
Schweden			Budapest
Ukraine			Skopje
Großbritannien			Valetta
Nordirland			Kischinjow
	Belgrad	Monaco	
	Rom	Niederlande	
	Riga	Norwegen	

Name: _____ Klasse: _____ Blatt: _____

Bündnisse in Europa

1. Ergänze die Tabelle.

Bündnis	Mitglieder	Ziele	Art des Bündnisses		
			poli-tisch	wirt-schaftl.	militä-risch
EU					
		Förderung des Freihandels zwischen den Mitgliedern			
	alle EFTA- und EU-Staaten				
	USA, Kanada, Deutschland, Türkei, Dänemark, Großbritannien, Italien, Portugal, Frankreich, Niederlande, Belgien, Norwegen, Island, Griechenland, Spanien, Luxemburg				
OSZE	EU- und EFTA-Staaten, Kanada, USA, Russland, Estland, Lettland, Litauen, Weißrussland, Ukraine, Moldau, Rumänien, Bosnien, Kroatien, Slowenien, Ungarn, Slowakei, Tschech. Republik, Polen, Türkei, Kasachstan, Usbekistan, Turkmenistan, Aserbeidschan, Armenien, Georgien, Tadschikistan, Kirgistan …				
WEU					

Schwerpunkte verschiedener Wirtschaftsräume
Rohstoffe aus Nordeuropa
(Schülerbuch S. 25)

Lehrplanaussagen
LZ 8.2 Europa
8.2.2 Schwerpunkte verschiedener Wirtschaftsräume
– Rohstoffe aus Nordeuropa

Unterrichtsverlauf
Hinführung
● Stummer Impuls: Bilder Schülerbuch S. 25
25.1 Holztransport in Finnland
25.3 Erdölbohrinsel an der norwegischen Küste
25.5 Eisenerzabbau in Kiruna
● Impuls: Die Bilder zeigen dir, worauf sich die Wirtschaft in Nordeuropa schwerpunktmäßig stützt.
– Schüleräußerungen; Klassengespräch

Zielangabe: Rohstoffe aus Nordeuropa

Erarbeitung
1. Teilziel: Holz aus Finnland
● Graphik Schülerbuch S. 25
  Abb. 25.2 Bodennutzung Finnland – Deutschland
● AA 1
● Text Schülerbuch S. 25
● Thematische Karte Schülerbuch S. 21
● Abb. 21.1 Vegetationszonen in Europa
● AA 2, 3, 4

2. Teilziel: Erdöl aus Norwegen
● Graphik Schülerbuch S. 25
  Abb. 25.4 Anteil des Erdöls am Exportgeschäft
● Text Schülerbuch S. 25
● AA 6

3. Teilziel: Eisenerz aus Schweden
● Graphik Schülerbuch S. 25
  Abb. 25.6 Eisenerzabbau im Vergleich
● Text Schülerbuch S. 25
● AA8
● Methodischer Vorschlag:
● Erarbeitung der Teilziele arbeitsteilig in Gruppenarbeit
  – Stillarbeit
  – Arbeitsvereinigungsphase:
    Gruppen tragen ihre Ergebnisse vor;
    Klassengespräch: Ergänzen, Korrigieren der Gruppenergebnisse
  – Fixierung der Ergebnisse an Tafel (siehe Tafelanschrift)
Gesamtwiederholung:
mündlich anhand der Tafelstichpunkte
oder Medieneinsatz (siehe Medien)

Sicherung
Eintrag des Tafelbildes

Vertiefung/Ausweitung
Film-, Diaeinsatz siehe Medien

Medien
3210330 – Holzwirtschaft in Finnland
1003094 – Finnland
3210360 – Erdöl und Erdgas aus der Nordsee
3203908 – Erz aus Kiruna

Tafelbild

── Rohstoffe aus Nordeuropa ──

Holz aus Finnland	Erdöl aus Norwegen	Eisenerz aus Schweden
– 77 % der Fläche Finnlands Wald	– 56 % des Exports aus dem Erdölgeschäft	– Schweden ist in der Eisenerzgewinnung weltweit an 9. Stelle
– 60 % des Exports Holz und Holzprodukte • Papier • Möbel, Fertighäuser • Furniere	– Erdöl = Wirtschaftsfaktor Nr. 1 – 94 % der Erdölförderung wird exportiert	– Kiruna • größtes zusammenhängendes Eisenerzlager • Eisenerz bester Güte – 1/3 des Eisenerzes kauft Deutschland
Problem – Holzreichtum begrenzt – Kontrolliertes Abholzen – Wiederaufholzen	**Problem** – Erdöl Finnlands begrenzt – bei uneingeschränkter Fördermenge Öl in einem Jahrhundert aufgebraucht	**Problem** – 3 Milliarden t Erz Vorrat – 20 Millionen t jährlicher Abbau

Landwirtschaft in Frankreich
(Schülerbuch S. 26)

Lehrplanaussagen
LZ 8.2 Europa
8.2.2 Schwerpunkte verschiedener Wirtschaftsräume
– Landwirtschaft und Industrie in Westeuropa

Unterrichtsverlauf
Motivation
- Stummer Impuls: Bild Schülerbuch S. 26
  Abb. 26.4 Weinbau in Frankreich
- Graphik Schülerbuch S. 26
  26.1 Anteil der Landwirtschaft am Bruttosozialprodukt
- Schüler betrachten, Schüler äußern sich spontan

Zielangabe: Landwirtschaft in Frankreich

Erarbeitung
1. Teilziel: Bedeutung der Landwirtschaft in Frankreich
- Graphik Schülerbuch S. 26
  26.2 Vergleich Gesamtfläche – landwirtschaftliche Nutzfläche Frankreich – Deutschland
  26.3 Bedeutung der französischen Landwirtschaft weltweit im Vergleich zur deutschen Landwirtschaft
- AA 1
  – Stillarbeit
  – Partnergespräch, Partnerarbeit

– Unterrichtsgespräch – Erkenntnisgewinnung
– Fixierung der Ergebnisse an Tafel (siehe Tafelanschrift)
1. Teilwiederholung: mündlich anhand der Tafelstichpunkte

2. Teilziel: Natürliche Voraussetzungen für die Landwirtschaft in Frankreich
- Text Schülerbuch S. 26, AA 2
  – Stilles Erlesen in Einzelarbeit
  – Partnergespräch
  – Unterrichtsgespräch – Erkenntnisgewinnung
  – Fixierung der Ergebnisse an der Tafel (siehe Tafelanschrift)
2. Teilwiederholung: mündlich anhand der Tafelstichpunkte

3. Teilziel: Landwirtschaftliche Ungunstgebiete in Frankreich
- Text Schülerbuch S. 26 AA 3
  – Stilles Erlesen
  – Unterrichtsgespräch – Erkenntnisgewinnung
  – Fixierung der Ergebnisse an der Tafel (siehe Tafelstichpunkte)
3. Teilwiederholung: mündlich anhand der Tafelstichpunkte

Gesamtwiederholung = Sicherung
- Hefteintrag des Tafelbildes
- evtl. Dias (siehe Medien)

Medien
1002433 - Französische Landwirtschaft im Luftbild

Tafelbild

Landwirtschaft in Frankreich

– Bedeutung der französischen Landwirtschaft:
- 4,6 % des französischen Bruttosozialprodukts
  (Deutschland 1,1 %, Großbritannien 1,8 %)
- 62 % der Gesamtfläche = landwirtschaftliche Nutzfläche
  (Deutschland knapp 50 %)
- in der Rangliste der Mengenerzeugnisse an der Weltspitze

– Günstige natürliche Voraussetzungen:
- gute, fruchtbare Böden
- günstige klimatische Bedingungen
- günstige geographische Breitenlage – wärmer als in Deutschland
- ausreichende Niederschläge – Westwinde
- Atlantikeinfluss – Sommer nicht zu heiß – längere Wachstumszeit – Winter nicht zu kalt

– Landwirtschaftliche Ungunstgebiete in Frankreich:
- Bergland – Zentralmassiv: – Viehwirtschaft
  – Ackerbau – Roggen, Kartoffeln
  kleine Flächen – Eigenbedarf
  – Landflucht – verlassene Dörfer

Industrie in Frankreich und Großbritannien
(Schülerbuch S. 27)

Lehrplanaussagen
LZ 8.2 Europa
8.2.2 Schwerpunkte verschiedener Wirtschaftsräume
– Landwirtschaft und Industrie in Westeuropa

Unterrichtsverlauf
Hinführung
● Stummer Impuls: Grafik Schülerbuch S. 27
   27.2 Anteil der Industrie am Bruttosozialprodukt –
   Vergleich
   – Partnergespräch
   – Unterrichtsgespräch

Zielangabe: Industrie in Frankreich und Großbritannien

Erarbeitung
1. Teilziel: Industriezentren in Frankreich und
   Großbritannien
● Thematische Karte Schülerbuch S. 27
27.1 Wirtschaftszentren in Westeuropa
   – AA 1
   – Gruppenarbeit– Kartenanalyse
   – Unterrichtsgespräch – Erkenntnisgewinnung
   – Fixierung der Ergebnisse an Tafel (siehe Tafelbild)
1. Teilwiederholung: mündlich anhand der Tafelstichpunkte

2. Teilziel: Industrielle Entwicklung in Frankreich
● Text Schülerbuch S. 27, AA 4
   – Stillarbeit – Textanalyse
   – Unterrichtsgespräch – Erkenntnisgewinnung
   – Fixierung der Ergebnisse an der Tafel (siehe Tafelbild)
2. Teilwiederholung: mündlich anhand der Tafelstichpunkte

3. Teilziel: Industrielle Entwicklung in Großbritannien
● Text Schülerbuch S. 27 AA 5
   – Stillarbeit – Erlesen des Textes
   – Partnergespräch – Textanalyse
   – Unterrichtsgespräch – Erkenntnisgewinnung
   – Fixierung der Ergebnisse an Tafel (siehe Tafelbild)
3. Teilwiederholung: mündlich anhand der Tafelstichpunkte
Anmerkung: Teilziel 2 und 3 können auch in arbeitsteiliger
Gruppenarbeit bearbeitet werden.
Gesamtwiederholung: mündlich oder
Medieneinsatz (siehe Medien)

Sicherung
Hefteintrag – Tafelbild

Medien
1003148 – Frankreich – alte und neue Industriezentren
3210186 – Birmingham – Englands Herz schlägt wieder –
Strukturwandel in Mittelengland

Tafelbild

Industrie in Frankreich und Großbritannien
(Über 30 % Anteil der Industrie am Bruttosozialprodukt)

Industriezentren

– Frankreich
  - Toulouse, Bordeaux,
    Nantes, Marseilles,
    Le Havre, Paris, Metz,
    Lilles, Lyon
    Maschinenbau, Fahrzeug-
    bau, Elektro, Erdöl-,
    Nahrungmittel-, Textilindustrie,
    Chemische Industrie

– Großbritannien
  - Glasgow, Edinburgh,
    Manchester, Leeds,
    Sheffield, Liverpool,
    Birmingham, London

Industrielle Entwicklung in

Frankreich
– 1950 Wandel vom
  Argrar- zum Indus-
  triestaat
– heute:
  führende Industrie-
  macht in der Welt
Problem
– Bodenschätze fehlen
  ↓
  Einfuhr aus Übersee
– Energie fehlt, keine
  Kohle, kein Erdöl
  ↓
  Kernenergie

Großbritannien
– führende Indus-
  triemacht seit jeher
Problem
– Verlust der Kolo-
  nien
Folgen
– keine Rohstoffe
– keine Absatz-
  märkte
Lösung
– Erdölfunde in der
  Nordsee
– dadurch neue In-
  dustriezweige
Problem
– Erdölvorräte sind
  endlich, neue
  industrielle Pro-
  bleme

Tourismus in Südeuropa
(Schülerbuch S. 28)

Lehrplanaussagen
LZ 8.2 Europa
8.2.2 Schwerpunkte verschiedener Wirtschaftsräume
– Tourismus in Südeuropa – KR 8.5.1

Unterrichtsverlauf
Hinführung
- Mediale Begegnung: Reiseprospekte
  – Unterrichtsgespräch: Reiseziele der Deutschen
  – Schüler berichten auch aus eigener Erfahrung
- Grafik Schülerbuch S. 28
  28.4 Anzahl der Touristen pro Jahr in Spanien
  – Analyse des Grafikinhalts

Zielangabe: Tourismus in Südeuropa

Erarbeitung
1. Teilziel: Natürliche Gegebenheiten
- Text Schülerbuch S. 28 AA 3
  – Stilles Erlesen – Textanalyse
  – Unterrichtsgespräch – Erkenntnisgewinnung
  – Fixierung der Ergebnisse an Tafel (siehe Tafelbild)
1. Teilwiederholung: mündlich anhand der Tafelstichpunkte

2. Teilziel: Vorteile für die Bevölkerung
- Grafik Schülerbuch S. 28
  28.2 Tourismus in Südeuropa
  – Stillarbeit – Analyse des Grafikgehalts
  – Unterrichtsgespräch – Erkenntnisgewinnung
  – Fixierung der Ergebnisse an der Tafel (siehe Tafelbild)

- Text Schülerbuch S. 28 – AA 4
  – Stilles Erlesen
  – Unterrichtsgespräch – Textanalyse –
  Erkenntnisgewinnung
  – Fixierung der Ergebnisse an der Tafel (siehe Tafelbild)
2. Teilwiederholung: mündlich anhand der Tafelstichpunkte

3. Teilziel: Probleme des Tourismus
- Bilder Schülerbuch S. 28
  28.1 Lloret de Mar 1965
  28.3 Lloret de Mar heute
  – Bildanalyse im Klassengespräch
  – Erkenntnisgewinnung – Fixierung an Tafel (siehe
  Tafelbild)
- Textschlagzeilen Schülerbuch S. 28 – AA 5
  – Stillarbeit
  – Unterrichtsgespräch - Diskussion
  – Fixierung der Ergebnisse an Tafel
3. Teilwiederholung: mündlich
Gesamtwiederholung: mündlich oder Medieneinsatz
(siehe Medien)

Sicherung
Hefteintrag – Tafelbild

Ausweitung
– Sammeln von Urlaubsprospekten, Urlaubskarten
– Verortung auf Karte Europa

Medien
3203471 – Erholungslandschaft spanische Mittelmeerküste
1003152 – Spanien – Tourismuskonzeptionen

Tafelbild

Tourismus in Südeuropa

– Natürliche Gegebenheiten:
- abwechslungsreiche Landschaft
- kulturelle Sehenswürdigkeiten
- gute Küche
- angenehmes Klima

– Vorteile für die Bevölkerung:
- Devisen
- Verdienstmöglichkeiten für
  die Bevölkerung
- Hotels, Bar
- Bau touristischer Anlagen
  (Hotels, Straßen …)
- Handwerk, Andenken
- Versorgung in touristischen
  Einrichtungen

– Probleme des Tourismus

Nutzen ◄─────► Natur ◄─────► Schutz

Wirtschaftliche Entwicklung in Osteuropa
(Schülerbuch S. 29)

Lehrplanaussagen
LZ 8.2 Europa
8.2.2 Schwerpunkte verschiedener Wirtschaftsräume
– wirtschaftliche Entwicklung in Osteuropa

Unterrichtsverlauf
Hinführung
● Text Schülerbuch S. 29 AA 1
  – stilles Erlesen
  – Unterrichtsgespräch

Zielangabe: Wirtschaftliche Entwicklung in Osteuropa

Erarbeitung
1. Teiziel: Wirtschaftliche Entwicklung Osteuropas seit 1991
● Säulendiagramm Schülerbuch S. 29
  Abb. 29.1 Wirtschaftsleistung des Ostens
● Text Schülerbuch S. 29 – AA 2, 3
  – Stilles Betrachten bzw. Erlesen
  – Partnergespräch
  – Unterrichtsgespräch – Analyse der Grafik und des Textes
  – Erkenntnisgewinnung
  – Fixierung der Ergebnisse an der Tafel (siehe Tafelbild)

1. Teilwiederholung: mündlich anhand der Tafelstichpunkte

2. Teilziel: Wirtschaftliche Entwicklung seit 1996
● Grafiken Schülerbuch S. 29
  Abb. 29.2, Wirtschaftliche Entwicklung im Osten (Bruttosozialprodukt)
  Abb. 29.3 Wirtschaftliche Entwicklung im Osten (Industrieproduktion)
● AA 4, 5
● Text Schülerbuch S. 29 AA 6
  – Stillarbeit – Partnergespräch
  – Unterrichtsgespräch – Text- und Grafikanalyse
  – Erkenntnisgewinnung im Unterrichtsgespräch
  – Fixierung der Ergebnisse an Tafel (siehe Tafelbild)
2. Teilwiederholung: mündlich anhand der Tafelstichpunkte
Gesamtwiederholung: mündlich

Sicherung
Hefteintrag des Tafelbildes

Tafelbild

Wirtschaftliche Entwicklung in Osteuropa

– Wirtschaftliche Entwicklung Osteuropas seit 1991
  – 1991 Zerfall der UdSSR - Zerfall des Ostblocks
  – Ablösung der Planwirtschaft durch die Marktwirtschaft
  – Südost- und Mitteleuropa bessere Entwicklung als Osteuropa

  Probleme in Osteuropa – GUS-Staaten:
  drastische Geldentwertung ⟶ extreme Preisanstiege ⟶ fallende Löhne ⟶
  Verarmung der Bevölkerung ⟶ Rückgang der industriellen Produktion⟶
  Arbeitslosigkeit ⟶ starke Exportdefizite ⟶ Verschuldung im Ausland

– Wirtschaftliche Entwicklung seit 1996:
  – positive Entwicklung auch in den GUS-Staaten
  – Bruttosozialprodukt steigt
  – industrielle Produktion steigt langsam an
  – Aufnahmeantrag vieler osteuropäischer Staaten in EU
  – Voraussetzungen für die Aufnahme werden aber noch nicht erfüllt

---

Kern- und Randräume der EU
(Schülerbuch S. 30)

Lehrplanaussagen
LZ 8.2 Europa
8.2.2 Schwerpunkte verschiedener Wirtschaftsräume
– Kern- und Randräume der EU

Unterrichtsverlauf
Hinführung/Einstieg
- Anknüpfung an Vorstunde: „Wirtschaftliche Entwicklung Osteuropas"
Wiederholung mündlich
- Lehrerimpuls: Nicht überall in Europa ist die wirtschaftliche Entwicklung gleich gut.

Zielangabe: Kern- und Randräume der EU

Erarbeitung
1. Teilziel: Ziele der EU
- Text Schülerbuch S. 30 AA 1
  - Stilles Erlesen des Textes
  - Partnergespräch – 1. Textanalyse
  - Unterrichtsgespräch – Erkenntnisgewinnung
  - Fixierung der Ergebnisse an der Tafel (siehe Tafelbild)

1. Teilwiederholung: mündlich anhand der Tafelstichpunkte

2. Teilziel: Rand – und Kernräume der EU
- Thematische Karte Schülerbuch S. 30
  Abb. 30.1 Entwicklungsunterschiede innerhalb der EU
- AA 2,3
  - Stillarbeit – Partnerarbeit
  - Unterrichtsgespräch – Besprechen der Stillarbeit
  - Erkenntnisgewinnung
  - Fixierung der Ergebnisse an Tafel (siehe Tafelbild)
2. Teilwiederholung: mündlich anhand der Tafelstichpunkte

3. Teilziel: Gründe für die unterschiedliche Entwicklung
- Text Schülerbuch S. 30 – AA 4, 5
  - Stilles Erlesen
  - Partnergespräch
  - Unterrichtsgespräch – Textanalyse
    = Erkenntnisgewinnung
  - Fixierung der Ergebnisse an Tafel (siehe Tafelbild)
3. Teilwiederholung: mündlich anhand der Tafelstichpunkte
Gesamtwiederholung = Sicherung
Hefteintrag des Tafelbildes

Tafelbild

Kernräume und Randräume der EU

Ziel der EU:	Leistungs- und Wohlstandsgefälle innerhalb der EU verringern und einebnen
Wirklichkeit:	Abstand zwischen „armen" und „reichen" Ländern verringert sich nicht, wird im Gegenteil immer größer
Grund:	Seit 1957, der Gründung der EU, mehrmalige Erweiterung der EU Beitritte wirtschaftlich schwacher Länder
Kernräume:	(wirtschaftlich starke Länder) z. B. Deutschland, Schweden, Österreich, Norditalien, England, Ostfrankreich
Randräume:	(wirtschaftlich weniger leistungsfähige Länder) z. B. Süditalien, Griechenland, Portugal, Spanien, Irland, Polen

Gründe für die unterschiedliche Entwicklung:
- gemeinsamer Arbeitsmarkt – freie Wahl des Wohn- und Arbeitsortes – Zulauf aus schwachen Ländern in starke – Überangebot an Arbeitskräften – Arbeitslosigkeit
- gemeinsamer Agrarmarkt – einheitliche Preise für Agrarprodukt – Benachteiligung von landwirtschaftichen Ungunstgebieten
- Mitgliedsbeiträge der EU – Beitritt armer Ostländer – finanzielle Belastung für „reiche" Länder

Lösungsvorschläge
Jetzt bin ich fit
(Schülerbuch S. 31)

Europa im Überblick

1. Welche Tiefebenen, Gebirge und Flüsse erkennst du in der Abb. 31.1

Tiefebenen: Pariser Becken, Norddeutsches Tiefland, Alföld, Baltischer Landrücken, Pripjetsümpfe, Nordrussisches Tiefland, Walachei, Poebene

Gebirge: Ural, Skandinavisches Gebirge, Karpaten, Balkan, Dinarisches Gebirge, Pindos, Rhodopen, Zentralmassiv, Alpen, Apenninen, Pyrenäen, Sa. Nevada

Flüsse: Rhein, Donau, Elbe, Oder, Weichsel, Memel, Maas, Inn, Guadalquivir, Duerto, Tajo, Ebro, Garonne, Loire, Rhone, Dnjepr, Dwina, Ural, Don, Bug, Po, Seine, Tiber, ...

2: Nenne die Grenzen Europas (Meere, Gebirge ...)
N: Barentssee – W: Atlantischer Ozean – S: Mittelmeer
O: Ural, Kaspisches Meer, Schwarzes Meer

3. Welche Klima- und Vegetationszonen gibt es in Europa?
Klimazonen: Polares Klima, Kontinentales Klima, Übergangsklima, Ozeanisches Klima, Mittelmeerklima
Vegetationszonen: Tundra, Taiga, Laub- und Mischwaldzone, Mittelmeervegetation, Steppe

4. Welche Länder und Hauptstädte kennst du?
Siehe AH 13 Lösung

5. Politische Bündnisse in Europa
EU, EFTA, EWR, OSZE, WEU, NATO
– Wie heißen die Bündnisse?
– Welche Ziele verfolgen sie?
– Wer ist Mitglied?
EU = Europäische Union
EFTA = Europäische Freihandelszone
EWR = Europäischer Wirtschaftsraum
NATO = Nordatlantischer Verteidigungspakt
OSZE = Organisation für Sicherheit und Zusammenarbeit
WEU = Westeuropäische Union
Ziele und Mitglieder siehe AH 14 bzw. Schülerbuch S. 23/24

Wirtschaftsräume in Europa
6. Vervollständige die Tabelle
Teile Europas – Wirtschaftsschwerpunkte
– Nordeuropa (Finnland, Schweden, Norwegen): Holz, Erz, Erdöl
– Südeuropa (Spanien, Portugal, Italien, Griechenland): Tourismus
– Westeuropa (Frankreich, Großbritannien): Landwirtschaft, Industrie
– Osteuropa (GUS-Staaten, Polen, Rumänien, Tschechien): Versuchen Anschluss an EU

7. Welche Probleme belasten die einzelnen Wirtschafts-räume?

Nordeuropa:
Finnland – Holzreichtum begrenzt, nur kontrolliertes Abholzen und sofortiges Wiederaufforsten erlaubt
Norwegen – Erdölvorräte in einem Jahrhundert aufge-braucht, wenn bei gleicher Menge weiter gefördert wird, wie im Augenblick
Schweden – Schweden hat 3 Milliarden t Vorrat an Eisenerz, 20 Millionen t werden jährlich abgebaut
Westeuropa:
Landwirtschaft – Frankreich:
Ungunstgebiete (Zentralmassiv), Erträge so gering, weil Anbaufläche zu klein und unfruchtbar, dass oft nicht ein-mal Eigenbedarf gedeckt werden kann, Leute wandern ab, ganze Dörfer verlassen und verfallen
Industrie Frankreich:
Keine eigenen Bodenschätze, nicht genügend Energie, Rohstoffe importiert aus Übersee, Energie – Kernenergie
Industrie Großbritannien:
Großbritannien Mutterland der Industrie; nach Wegfall der Kolonien – keine Absatzmärkte, keine Rohstoffe
Rettung: Erdölfunde in der Nordsee – Wiederaufschwung der Industrie – aber: Erdöl ist endlich – dann wieder Industrieprobleme
Südeuropa:
Tourismus: Ohne Tourismus wäre Südeuropa sehr arm.
Problem: Tourismus verbraucht Natur, belastet Natur – Abwasser-, Müll-, Grundwasser-, Vegetationsprobleme durch Tourismus – Naturschutz dringend notwendig

8. Wie verlief die Entwicklung Osteuropas?
Zerfall der UdSSR – Wandel von der Planwirtschaft zur Marktwirtschaft – aber: Menschen können sich nicht so schnell umstellen

9. Welche Probleme belasten die einzelnen Wirtschafts-räume?
Drastische Geldentwertung – extreme Preisanstiege – fallen-de Löhne – Verarmung der Bevölkerung – Rückgang der industriellen Produktion – Verschuldung im Ausland

10. Rand- und Kernräume der EU
• Welche Länder gehören zu den Kernräumen?
• Welche Länder gehören zu den Randräumen?
Kernräume – z. B. Frankreich, Deutschland, Schweden, Norditalien
Randräume – z. B. Griechenland, Portugal, Spanien, Süditalien

11. Welche Probleme gibt es in den Kern- und Randräumen?
Gemeinsamer Arbeitsmarkt – freie Wohnorts- und Arbeitsplatzwahl – Abwanderung in Kernräume wegen Arbeit – dann dort auch Arbeitslosigkeit weil zu viele dort Arbeit suchen
gemeinsamer Agrarmarkt – Landwirtschaftliche Produkte kosten überall gleich viel ohne Rücksicht auf Herstellungskosten – Ungunstgebiete verarmen dadurch völlig
Mitgliedsbeiträge – arme Länder werden immer mehr zur Belastung für reiche Länder, weil diese Kosten auffangen müssen.

3. Imperialismus und Erster Weltkrieg
Europäische Weltbeherrschung
(Schülerbuch S. 32/33)

Lehrplanaussagen
LZ 8.3 Imperialismus und Erster Weltkrieg
8.3.1 Europäische Weltbeherrschung
– Die europäische Überlegenheitsideologie: geistige Grundlagen und wirtschaftliche Zusammenhänge des Imperialismus

Unterrichtsverlauf
Problemstellung
Die europäischen Mächte streben die Weltherrschaft an – Imperialismus
- Vergleich der Karten 33.1 und 33.2: Kolonialreiche um 1830 und 1914
  – schnelle Ausbreitung der Kolonialreiche wurde möglich durch Industrialisierung; Stichworte: „Transport-revolution", Mechanisierung des Verkehrs, Mechanisierung der Produktionsprozesse, etc.

Zielangabe: Welche Entwicklung hat zwischen 1830 und 1914 stattgefunden?
– Kolonialreiche in „Übersee" entstehen.
– die Kolonialreiche sind in ihren räumlichen Ausdehnungen wesentlich größer als die Mutterländer

Problemerarbeitung
1. Teilziel: Europäische Weltbeherrschung – Imperialismus (Textentnahme, Schülerbuch S. 32)
- dabei Begriff „Imperialismus" erklären ggf. anknüpfen/ Wiederholung „Eroberung der Neuen Welt" GSE 5
- Unterschiede: Entwicklung ist diesmal schneller und tief-greifender
2. Teilziel: Zusammentreffen verschiedener Kulturen (Informationsentnahme, Schülerbuch, S. 32)
- die Kultur der angestammten Bevölkerung wird von den neuen Kolonialherren rücksichtslos unterdrückt.

- die überlegene Technik und Bewaffnung ermöglichte den Kolonialherren schnelle und durchgreifende Erfolge.

3. Teilziel: Triebfedern des Imperialismus (Informationsentnahme, Schülerbuch, S. 32)
- Wirtschaftliche und politische Gründe
  – Überproduktion
  – Rohstoffeinfuhr
  – Bevölkerungsanstieg
  – soziale und wirtschaftliche Probleme in den Mutterländern
  – Schaffung von militärischen Stützpunkten
- Wissenschaftliches Interesse
- Religiöser Eifer

4. Teilziel: Widerstand gegen die Kolonialherren
Einsatz Bild 32.2 Schülerbuch, S. 32 Bildbetrachtung – zeigt überlegene Waffen und Gefechtstechniken der Kolonialmächte
(AA 6)
- In den Kolonialländern regte sich Widerstand
  – Aufstände in Afrika
  – Aufstände in China
  – Aufstände auf dem Indischen Subkontinent; dabei bre-chen viele Widerstandsbewegungen durch die Überle-genheit der Kolonialarmeen und den Zwistigkeiten innerhalb der Einheimischen schnell zusammen oder werden mit militärischer Gewalt zerschlagen.
  (AA 7)
- Erfolgreicher Widerstand z. B. in Indien durch Mahatma Gandhi (AA 8)

Problembewertung/Vertiefung
- *Ergebnis:* Die Europäisierung der Welt setzte mit den Entdeckungsfahrten des 16. Jahrhunderts ein, erreichte im 19. Jahrhundert in Verbindung mit der Industrialisierung den Höhepunkt.
- Die Folgen des Kolonialismus analysieren und bedenken:
  – z. B. Bezüge zur aktuellen Situation in Afrika (Zeitungslektüre, Zeitungsausschnitte sammeln, Pinnwand anlegen, etc.)

Tafelanschrift

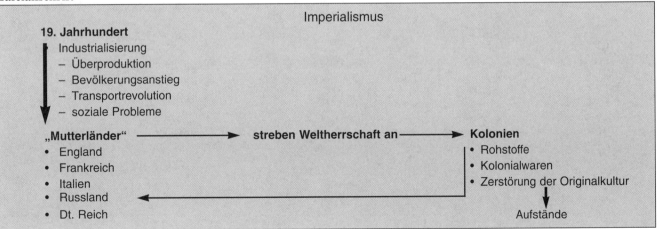

43

Das britische Weltreich
(Schülerbuch, S. 33/34)

Lehrplanaussagen
LZ 8.3 Imperialismus und Erster Weltkrieg
8.3.1 das Beispiel des britischen Weltreichs

Unterrichtsverlauf
Problemstellung
- Wie entwickelte sich England zum britischen Weltreich?

Zielangabe: England entwickelte sich im 19. Jahrhundert zum größten Kolonialreich. Wir verfolgen die Entwicklung.

Problemerarbeitung
- Einstieg: Karten 33.1 und 33.2 Betrachtung und Auswertung
  - England größtes Kolonialreich
  - Vergleich der Ausdehnung des englischen Mutterlandes mit den Kolonialländern

1. Teilziel: Vorraussetzungen der englischen Herrschaft (Textentnahme Schülerbuch, S. 34)
- Englands Insellage zwang schon immer zur Seefahrt
- Engländer verdichten das Netz ihrer Handelsniederlassungen
- durch die Industrialisierung im englischen Mutterland wird der Erwerb von Kolonien verstärkt
- durch die Entwicklung der Dampfschiffe wird der Aufbau eines Kolonialreiches erleichtert

2. Teilziel: Auseinandersetzung in Afrika
- Analyse Karte 34.1 Kolonialmächte in Afrika, dabei Konzentration auf birtischen und französischen Kolonialbesitz

- Vorstoßrichtung der Franzosen Nord - Süd
- Vorstoßrichtung der Engländer Süd - Nord
- Zusammentreffen der beiden Interessensphären bei Faschoda; danach Verfestigung der Besitzstruktur in Afrika

3. Teilziel: Indien - Englands wichtigste Kolonie; der Suez-Kanal (Informationsentnahme, Schülerbuch, S. 34)
- England zeigte in Indien eine andere Kolonialpolitik als in Afrika
- die indischen Fürstentümer blieben erhalten
- es wurde ein gewisses Maß an kultureller Eigenständigkeit gewährt
- Indien erhielt den Status einer „Kronkolonie"
- Um den Besitz von Indien zu sichern und die politischen und wirtschaftlichen Bezüge zu verstärken, war es wichtig, den Suez - Kanal zu kontrollieren.
  - Informationsentnahme aus Atlas, ggf. Karte 33.2
- Arbeitsblatt - Die Kolonialreiche um 1914
  Auftrag: Zeichne den Seeweg von England nach Indien ein.
  a.) vor 1875 - um die Südspitze Afrikas
  b.) nach 1875 - durch den Suez-Kanal
  Fazit: Suez- Kanal verkürzt die Reisezeit erheblich

4. Teilziel: Das britische Empire
- die wirtschaftliche Bedeutung
  - Informationsentnahme Schülerbuch, S. 34

Fazit
Der Besitz von Kolonien war für das englische Königreich machtpolitisch und wirtschaftlich förderlich.

Tafelanschrift

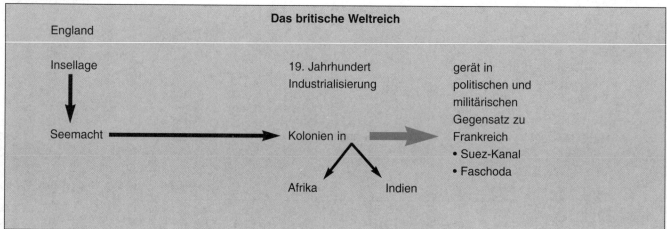

Das britische Weltreich

England

Insellage

↓

Seemacht ⟶ Kolonien in ⟹ 19. Jahrhundert Industrialisierung

Afrika   Indien

gerät in politischen und militärischen Gegensatz zu Frankreich
- Suez-Kanal
- Faschoda

Das Deutsche Reich und seine Kolonialpolitik
(Schülerbuch, S. 35)

Lehrplanaussagen
8.3 Imperialismus und Erster Weltkrieg
8.3.1 Das Deutsche Reich und seine Kolonialpolitik
– das Deutsch Reich im Wettlauf um die Kolonien

Unterrichtsverlauf
Problemstellung
- Das Deutsche Reich startet spät zum „Wettlauf um die Kolonien"
- Erarbeitung ggf. durch Analyse der Skizze 33.1 und 33.2, Die Kolonialreiche um 1830 und 1914,
  – Das Deutsche Reich ist um 1830 noch nicht vertreten.
  – Die Kolonien des Deutschen Reiches liegen in wirtschaftlich ungünstigen Bereichen (geografische Gegebenheiten, lange Anfahrtsstrecken, etc., AH 16)

Zielangabe: Die Entstehung des deutschen Kolonialreiches

1. Teilziel: Das Deutsche Reich erwirbt spät Kolonien
Informationsentnahme Schülerbuch, S. 35
- Haltung Bismarcks gegen den Erwerb von Kolonien
- Änderung der Haltung Bismarcks durch den Druck der Interessensgruppen
- Erster Erwerb von Kolonien durch Kaufleute und Forscher

2. Teilziel: Kolonialwaren verändern das Leben in Europa
Bildbetrachtung, S. 35.1: „Colonialwarenhandlung"
- Was haben wir darunter zu verstehen?
- Welche Waren werden hier verkauft?
- Woher stammen diese Produkte?
- Aus welcher Zeit stammt dieses Bild wohl?
- Gibt es noch heute Kolonialwarenhandlungen?
- Informationsentnahme, Schülerbuch, S. 35
  – Auflistung der Produkte
- Klärung der Frage: Wieso konnten die Waren relativ kostengünstig hergestellt werden?
  – Großflächiger Anbau
  – Geringste Entlohnung der Arbeitskräfte

Fragestellung
Lohnten sich die Kolonien für das Deutsche Reich?
- Auswertung der Grafik 35.2: Der Kreislauf der nationalen Wirtschaft zwischen Mutterland und Kolonien
  – Erläuterung der Grafik
  – Funktionierte dieser Kreislauf?

Diskussion
(dabei in Rechnung stellen: geografische Lage der deutschen Kolonien, Anbaumöglichkeiten, Rohstoffe, Transportmöglichkeiten im Landesinneren, Verlademöglichkeiten an den Küsten, Kosten für Bau von Hafenanlagen, Kosten für Transport mit Dampfschiffen, etc.)

3. Teilziel: Folgen der Kolonialherrschaft für Afrika (Indischen Subkontinent, etc.)
- Auswirkungen der Wirtschaftsführung und der politischen Veränderungen in den Kolonien durch die europäischen Mächte.
  a) kurzfristige Folgen
  b) langfristige Folgen
Zu a) kurzfristige Folgen
Informationsentnahme, Schülerbuch, S. 35 dabei Trennung in negative und positive Auswirkungen:
TA:

negativ	positiv
Zerstörung der Originalkultur	Kampf gegen Krankheiten (Malaria, Pocken, etc.)
Sklavenarbeit	Erschließung des Landes mit Straßen, Eisenbahnen
Ausbeutung der Erde	Förderung der Bildung

Diskussion der Ergebnisse - Abwägung
Zu b) langfristige Folgen
Situation in Afrika (und anderen ehemaligen Kolonialländern) heute Analyse von Zeitungsberichten

Tafelanschrift

Das Deutsche Reich und seine Kolonialpolititk	
Haltung Bismarcks: – Dt. Reich braucht keine Kolonien ⟷	**Haltung von Politik und Wirtschaft** – Dt. Reich braucht Kolonien Dt. Reich beginnt spät mit Kolonialpolitik – Afrika – Asien
Vorteile/Nutzen • Kolonialwaren • Rohstoffe • wiss. Erkenntnisse • Erschließung des Landes	**Nachteile/Kosten** • hohe Militärausgaben • Volksaufstände • hohe Transportkosten • hohe Investitionskosten

Konflikte in Europa
(Schülerbuch, S. 36)

Lehrplanaussagen
LZ 8.3 Imperialismus und erster Weltkrieg
8.3.2 Konflikte in Europa
– Die Schüler lernen, dass in Europa Nationalismus und
Militarisierung eine Krisensituation schufen, die zum
Ausbruch des Ersten Weltkriegs führten. Konflikte in
Europa:
– extremer Nationalismus und
Rivalität
– Bündnissysteme und Aufrüstung
– Militarisierungstendenzen in der Gesellschaft und in der
Erziehung am Beispiel des Deutschen Reiches

Unterrichtsverlauf
Problemstellung
● Durch nationalistische Tendenzen werden die Rivalitäten
zwischen den europäischen Mächten verstärkt

Zielangabe: Die Abkehr des Deutschen Reiches von der
gemäßigten Politik Bismarcks führte unter der Führung von
Kaiser Wilhelm I. zu großen Spannungen unter den europäischen Mächten → Ein Wettrüsten setzte ein

Einstieg
Politik Bismarcks war auf Ausgleich ausgelegt, nun Wandel
der Politik
1. Teilziel
● Rivalitäten zwischen den Großmächten - bzw. allen
Großmächten - Wettlauf um Kolonien - Nationalismus -
Großmachtverhalten
● Dt. Reich und Frankreich - Revanche wg. Krieg 1870/71
● Dt. Reich und England - Flottenbau: Friedenkonferenzen
scheitern

2. Teilziel: Aufrüstung in Europa
● Gegenseitige Bedrohung nimmt zu.
Folge: Rüstungsausgaben steigen dazu:
– Überblick über die Rüstungsausgaben (Auswertung der
Tabelle, Schülerbuch S. 36)
– Erhöhung der Truppenzahlen
– Zahl der Kriegsschiffe steigt

3. Teilziel: Es bilden sich zwei Bündnissysteme mit gegenseitigen Schutzverhältnissen:
1. Entente: England, Frankreich, Russland
2. Mittelmächte: Dt. Reich, Österreich- Ungarn, Italien,
Rumänien, Türkei, Bulgarien

Zusammenfassung
● Nationalismus und Großmachtpolitik führen zu
Spannungen, diese münden in ein Wettrüsten. Um die
nationalen Interessen zu schützen wurden Bündnisse
(Entente, Mittelmächte) abgeschlossen.

Tafelanschrift

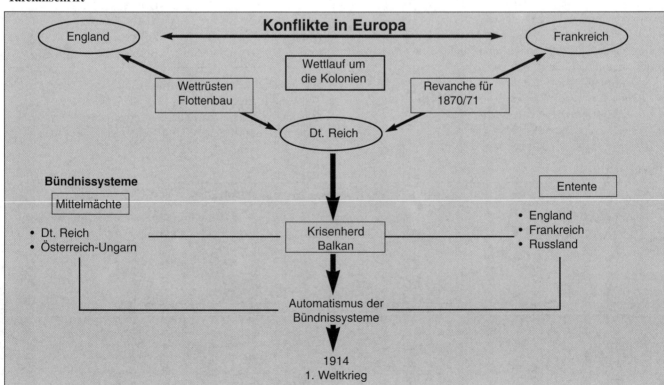

Wie kam es zum Ersten Weltkrieg?
(Schülerbuch, S. 37)

Lehrplanaussagen
8.3 Imperialismus und erster Weltkrieg
8.3.2 Wie kam es zum ersten Weltkrieg?
– Die Schüler lernen, dass in Europa selbst Nationalismus und Militarismus eine Krisensituation schufen, die zum Ausbruch des Ersten Weltkrieges führte.

Unterrichtsverlauf
Problemstellung
- Wie kam es zum I. Weltkrieg?

Zielangabe: Aus den Spannungen zwischen den europäischen Mächten entwickelte sich der I. Weltkrieg.

Problemerarbeitung
1. Teilziel: Die Entwicklung bis zum Kriegsausbruch
- Anknüpfen an vorherige Stunde: Bündnissysteme
- Wiederholung/Verdeutlichung - bei Kriegserklärung eines Bündnispartners tritt ein Automatismus der gegenseitigen Kriegserklärung ein.
- Dabei erneut Möglichkeit der „Kriegsschuldfrage" einbringen und problematisieren; Ausgangspunkt: Krisenherd Balkan (Informationsentnahme Schülerbuch, S. 37: „Das Attentat von Sarajewo" dazu Bildbetrachtung 37.1
- Beschreiben, „Was geschieht hier?"
„Was ist kurz vorher geschehen?" „Wieso wurde der österreichische Thronfolger erschossen? „Von wem wurde der Thronfolger erschossen?")

- Nationalitätenproblem auf dem Balkan
- dazu: Analyse Grafik 37.2: „Nationalitäten in Österreich-Ungarn um 1910" - Auswertung Folge des Attentats: Kriegserklärung an Serbien

2. Teilziel: Der Mechanismus der Bündnisse führt zum Krieg
- Zusammenfassung der Ereignisse in Sarajewo: Österreich erklärt Serbien den Krieg

Fragestellung
Wie wird sich die serbische Schutzmacht Russland verhalten?
- Weitere Entwicklung der gegenseitigen Kriegserklärungen aufgrund der gegenseitigen Bündnissysteme
- Fazit: Der Versuch das „Balkanproblem" zu lösen, führte zum Weltkrieg.

Zusammenfassung/Vertiefung
- Nationalismus zwar in Gesamteuropa verbreitet, im „Vielvölkerstaat" Österreich-Ungarn spitzten sich die Probleme besonders zu, da es hier die engste Verzahnung der Lebenbereiche der einzelnen Völker gab.

Transfer
- Situation auf dem Balkan heute
  - Einbringen des aktuellen Standes der politischen Entwicklung durch Schüler
  - Pinnwand: Vergleichssituation 1914 - heute Zeitungsberichte, Kopien hist. Bilder, Vergleich von Karten mit Verbreitungsgebieten der einzelnen ethnischen Gruppen, etc.

Der Erste Weltkrieg
(Schülerbuch, S. 38)

Lehrplanaussagen:
LZ 8.3 Imperialismus und erster Weltkrieg
8.3.3 Der Erste Weltkrieg
– Kriegserfahrung an der Front und in der Heimat: zwischen Begeisterung und Elend
– Haupt- und Wendepunkte des Krieges: Eintritt der USA, Revolution in Russland, Zusammenbruch der Mittelmächte

Die Schüler erfahren, wie die ursprünglich weit verbreitete Kriegsbegeisterung in eine durch das Kriegselend ausgelöste tiefe Depression umschlug. Die Schüler erhalten eine Vorstellung vom Verlauf des Krieges und auch davon, dass der Krieg die grundlegenden Probleme nicht löste, sondern neue Konflikte und Spannungen provozierte.

Unterrichtsverlauf
Problemstellung
● Der Plan der deutschen Heeresführung, eine schnelle Entscheidung im Westen herbeizuführen scheitert. Es entwickelt sich ein Zweifrontenkrieg.

1. Teilziel: Der Verlauf des Krieges (I.)
● Problem des Deutschen Reiches
  – „Zweifrontenkrieg"
    (Herausarbeiten durch Geschichtsatlas/Folie) Vorhaben der militärischen Führung des Deutschen Reiches:
  – schnelle Entscheidung im Westen herbeizuführen
  – hinhaltenden Widerstand im Osten

Fazit: Plan der militärischen Führung des Deutschen Reiches scheitert

2. Teilziel. Kriegsverlauf im Westen (AH 15)
● Informationsentnahme, Schülerbuch, S. 38
● Erarbeiten anhand Grafik 38.2: „Die Westfront 1914 - 1918"
● Der Bewegungskrieg geht in den Stellungskrieg über. Dabei die Rolle der Festung Verdun verdeutlichen; Einsatz Grafik 38.2 „Die Westfront 1914 - 1918"
● Neuer Begriff: Materialschlacht
  Neue Waffentechnik verändert das Kriegsbild; Einsatz Folien/Bilder der neuen Waffen:
  – Tanks, Maschinengewehr, Flugzeuge, U-Boote, Gas - Munition (auch Abb. 38.1, 39.1 und 40.2)
    „Wie werden sich die neuen Waffen auswirken?"
● Verdeutlichung der Begriffe: Stellungskrieg und Materialschlacht durch Medien, Einsatz von Dokumentarfilmen

3. Teilziel: Kriegsverlauf im Osten (AH 15)
● Auswertung Grafik 38.3 „Die Ostfront 1914 - 1918" und Informationsentnahme Schülerbuch, S. 38
● Herausstellung des anderen Kriegsschauplatzes, dabei Vergleich der Operationsräume; dazu: Grafik 38.2 und Grafik 38.3
  – Vergleich der Frontlinien (Länge, Ausdehnung)
  – Problem durch Überwindung der grossen Strecken im Osten, Versorgungs - Nachschubprobleme

Tafelanschrift

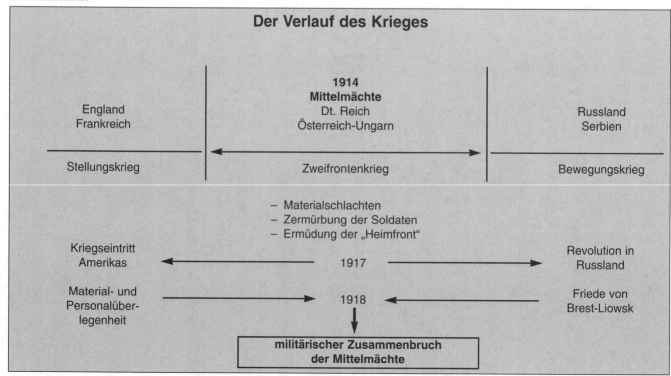

Der Verlauf des Krieges		
England Frankreich	**1914 Mittelmächte** Dt. Reich Österreich-Ungarn	Russland Serbien
Stellungskrieg	Zweifrontenkrieg	Bewegungskrieg

– Materialschlachten
– Zermürbung der Soldaten
– Ermüdung der „Heimfront"

| Kriegseintritt Amerikas | 1917 | Revolution in Russland |
| Material- und Personalüberlegenheit | 1918 | Friede von Brest-Liowsk |

militärischer Zusammenbruch der Mittelmächte

Der Verlauf des Krieges
(Schülerbuch, S. 39)

Lehrplanaussagen
LZ 8.3 Imperialismus und Erster Weltkrieg
8.3.3 Der erste Weltkrieg

Unterrichtsverlauf
Problemstellung
● Die nicht geplante lange Dauer des Krieges stellte die Führung des Deutschen Reiches vor Versorgungsprobleme (Rohstoffe für Waffen und Geräte, Versorgungsgüter, etc.). Die Verknappung wurde durch die Seeblockade der britischen Flotte verschärft.

1. Teilziel: Die Seeblockade
● Informationsentnahme Schülerbuch, S. 39:
Welche Auswirkungen wird die Seeblockade auf die Dauer in Deutschland haben?
– bei der kämpfenden Truppe
– bei der Zivilbevölkerung

2. Teilziel: Das Epochenjahr 1917
● Informationsentnahme, Schülerbuch, S. 39:
Die schon angespannte Situation wurde durch zwei Ereignisse verkompliziert:

a) - Der Kriegseintritt Amerikas
b) - Die Revolution in Russland
Zu a) Äußerer Anlass für den Kriegseintritt der USA ist der U-Boot-Krieg der deutschen Marine (dazu: Bildbetrachtung 39.1).
Folge: die militärische Lage der Mittelmächte verschlechtert sich erheblich durch Zuführung von:
– modernem Kriegsgerät
– großen Truppenkontingenten
– Nachschubgütern aus den USA nach Europa
Zu b) Die Revolution in Russland wird von der deutschen militärischen Führung unterstützt. Man sah darin eine Entlastung der militärischen Anspannungen.

Problematisierung
● Ursachen der Revolution in Russland
● Wer waren die Träger der Revolution?
● Beweggründe der deutschen Unterstützung für Lenin (dazu: Bildbetrachtung 39.2 und 39.3)

Zusammenfassung
● Die englische Seeblockade zeigt Wirkung im Deutschen Reich. Die Lage der Mittelmächte verschlechtert sich durch den Kriegseintritt der USA. Die Oktoberrevolution führt zum Friedensschluss von Brest-Litowsk.

Die Lage im Deutschen Reich
(Schülerbuch Seite 40)

Lehrplanaussagen
LZ 8.3 Imperialismus und erster Weltkrieg
8.3.3 Die Lage im Deutschen Reich
– Kriegserfahrungen an der Front und in der Heimat: zwischen Begeisterung und Elend
– Zusammenbruch der Mittelmächte; die Schüler erfahren, wie die ursprünglich weit verbreitete Kriegsbegeisterung in eine durch das Kriegselend ausgelöste tiefe Depression umschlug.

Unterrichtsverlauf
Problemstellung
- Mit der Länge des Krieges und den damit verbundenen Problemen, hohe Verluste an den Fronten, Hunger und Rohstoffmangel durch Seeblockade, Kriegseintritt der USA, immer mehr Frauen in die Kriegsproduktion, etc., sank die Kriegsbegeisterung.

1. Teilziel: Die Lage im Deutschen Reich
- Die Auswirkungen der Seeblockade
  – Anknüpfen an U - Einheit: Seeblockade: Welche Auswirkungen hat die Blockade?

Wiederholung/Zusammenfassung
- Einsatz Abb. 40.1: „Lebensmittelmarken", „Welchen Zweck hatten diese Marken?"

Fazit
- Sinken der Produktion von Rüstungsgütern
- Munitions-, Nachschubprobleme
- Sinken der Produktion von Nahrungsmitteln
- Hungersnot („Steckrübenwinter")/ Lebensmittelmarken, Ersatzwaren
- Auswirkung auf die Stimmung der Bevölkerung
  – allgemeine „Kriegsmüdigkeit"
  – Verlust des Vertrauens der Regierung und militärischen Führung
  – immer mehr Frauen in der Rüstungsproduktion,
  – allgemeine Erschöpfung
  (dazu: Schülerbuch, S. 40 und S. 41)
  damit Verschärfung der sozialen Spannungen

Tafelanschrift

2. Teilziel: Wandel in der Auffassung vom Krieg
- von Kriegsbegeisterung und dem „Schock der Realität" Krieg wurde vielfach als „etwas Großartiges" bezeichnet, das „Fronterlebnis" veränderte diese Einstellung.
  (dazu: Schülerbuch, S. 40, auch S. 41)
  – Hohe Verluste (Brutalisierung des Kriegsgeschehens)
  – Materialschlachten
  – Zermürbung im Stellungskrieg
- dazu: Einsatz von Dokumentarfilmen, Verfilmung von „Im Westen nichts Neues" (Ausschnitte)

3. Teilziel: 1918 - Die Lage an der Front - die letzten Offensiven
- Die Truppen waren schon kriegsmüde, trotzdem noch Großoffensiven
- 1918
  – 21. März - deutsche Offenssive mit hohen Verlusten 08. August - die Alliierten brechen durch die deutsche Front, dabei Einsatz von Tanks
- Die Niederlage der Mittelmächte zeichnet sich ab.

4. Teilziel: Der Zusammenbruch
- September 1918
  – Die Front der Österreicher in Mazedonien bricht zusammen.
- September 1918
  – General Ludendorff fordert einen Waffenstillstand innnerhalb von 48 Stunden, nimmt diesen Antrag wieder zurück
- 3. November 1918
  – Der österreichische Kaiser dankt ab, die Doppelmonarchie zerfällt
- November 1918
  – revolutionäre Ereignisse im Deutschen Reich, die Truppen wollen nicht mehr kämpfen
- 11. November 1918
  – eine deutsche Abordnung schließt den Waffenstillstand

Zusammenfassung
- Nach vier Jahren Krieg waren die Kräfte des Deutschen Reiches total erschöpft. Man hatte auf allen Seiten nicht mit einer so langen Dauer des Krieges gerechnet. Der Krieg veränderte das Bild der Gesellschaft.

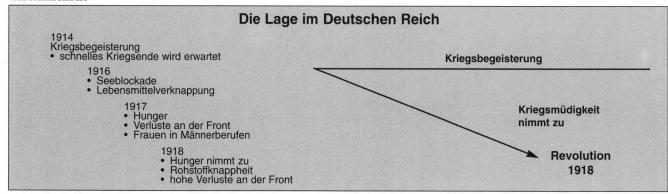

Name:_____ Klasse:_____ Blatt:_____

Konflikte in Europa

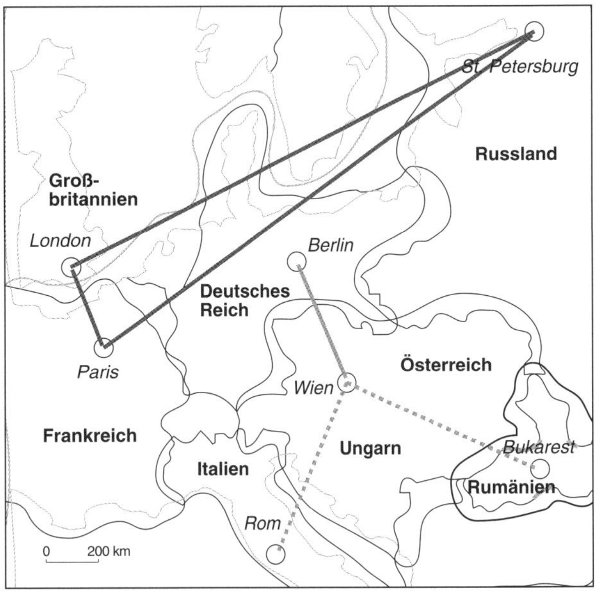

Gründe für die Spannungen in Europa:

– _____

– _____

– _____

– _____

Bündnissystem. Der Entente gehörten an:

– _____

– _____

– _____

Den Mittelmächten gehörten an:

– _____ – _____

– _____ – _____

Kriegsverlauf

Westfront

a) Schneller Vormarsch _____

b) Übergang zum _____

c) Beginn der _____

d) Einsatz _____

e) 1917 _____

f) Die deutsche Armee steht vor dem _____

Ostfront

a) Die _____ stoßen weit nach Westen vor.

b) Siege der deutschen Armee bei _____

c) Ab 1915 Ende des _____

d) Ausbruch der _____

_____

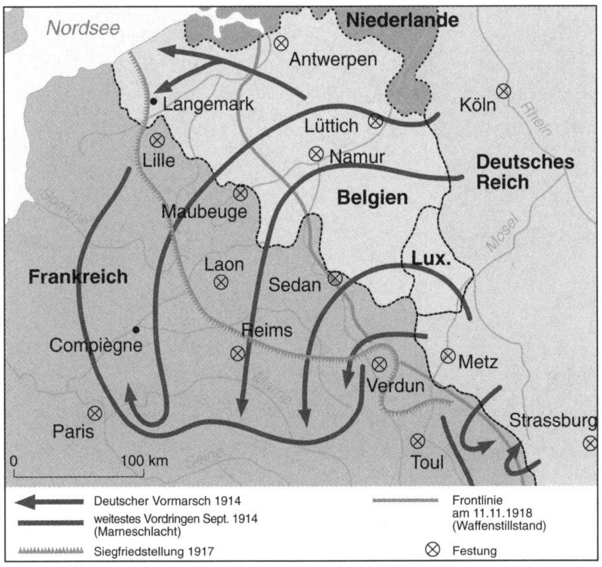

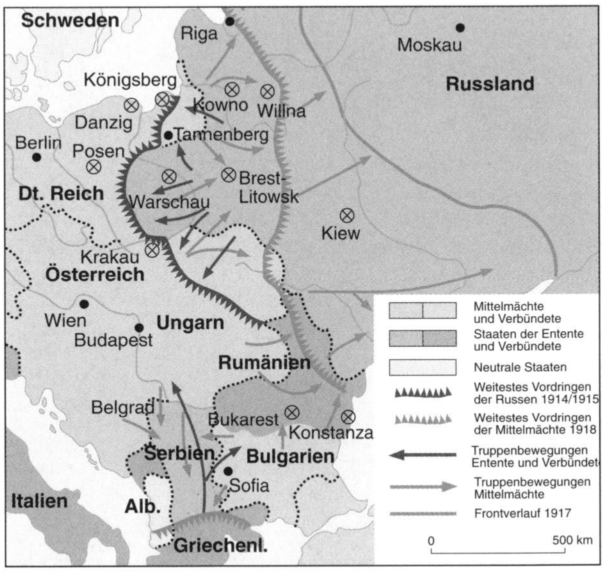

Name:_____ Klasse: _____ Blatt:_____

Europäische Weltbeherrschung

Europäische Länder

Kolonialreiche entstehen. Gründe:

streben Besitz

in

Übersee

an

_____

_____

_____

_____

_____

_____

_____

_____

_____

_____

_____

_____

Industrialisierung in den Mutterländern

Auswirkungen in den Kolonien

_____

_____

_____

_____

_____

_____

_____

_____

_____

Rückwirkung auf die Mutterländer

_____

_____

_____

_____

Kolonialreiche um 1900; Zeichne die einzelnen Kolonialbesitze farbig ein.

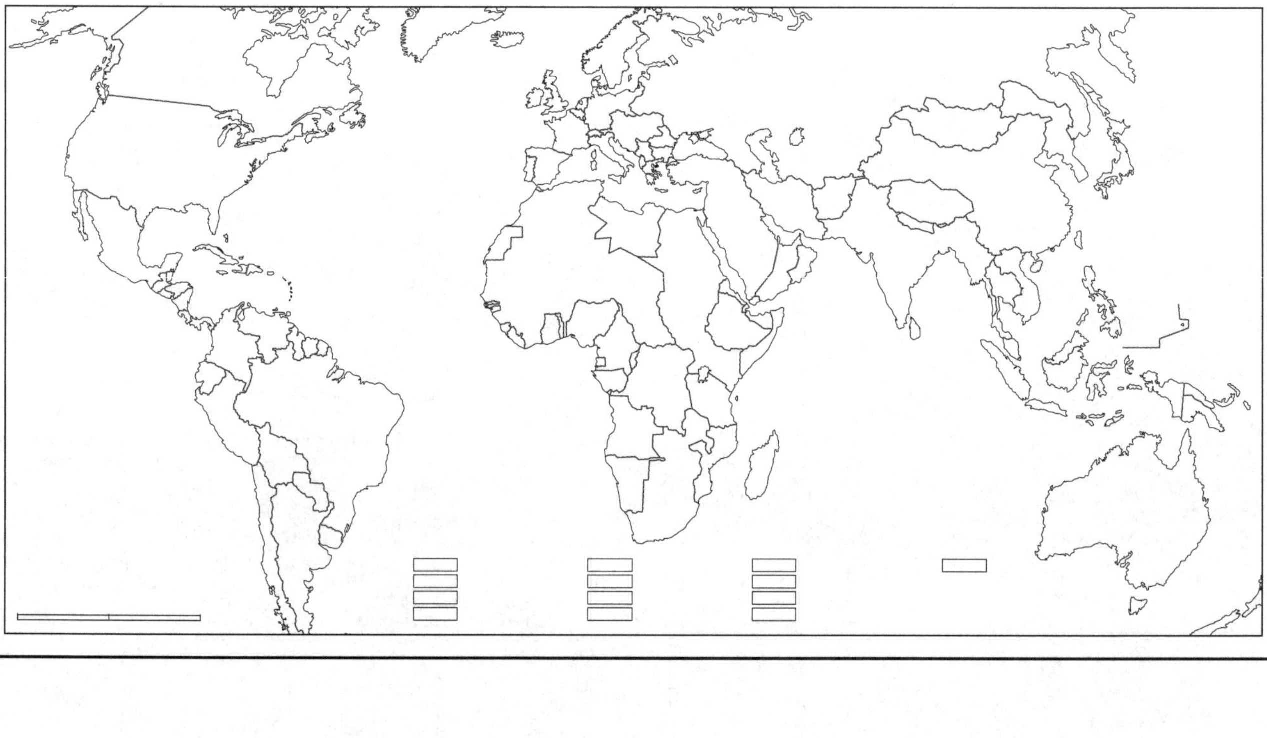

Lösungsvorschläge
„Jetzt bin ich fit"
(Schülerbuch S. 41)

Europäische Weltbeherrschung

1. *Noch im Jahr 1873 schrieb Bismarck: „Der Erwerb außereuropäischer Gebiete stellt für Deutschland eher eine Quelle der Schwäche als eine Stärkung dar." Einige Jahre später gab er diese Haltung auf. Erkläre, wie dieser Meinungswechsel zustande kam.*

Bismarck wurde von einflussreichen Kreisen aus Wirtschaft und Politik zur Aufgabe seiner Haltung gegen die Kolonialpolitik gezwungen. (1882: Gründung Deutscher Kolonialverein, eigenmächtige Gründung von Handelsniederlassungen durch deutsche Kaufleute in Afrika und Übersee).

2. *Obwohl man von den reichen Bodenschätzen in Afrika, wie etwa den Kupfervorkommen und reichen Diamantenlagern im Kongogebiet, noch nichts wusste, war das Interesse der europäischen Mächte auf dem afrikanischen Kontinent Kolonien zu errichten, äußerst groß. Liste Gründe auf.*

Machtpolitische Interessen, Verschaffung einer großen Einflusssphäre für das eigene Land militärische Interessen, Hoffnung auf Reichtum durch landwirtschaftliche Produkte, Gewürze, Land für Siedler (um eigene Übervölkerung unterzubringen) usw.

3. *In Afrika entwickelte sich ein Gegensatz zwischen England und Frankreich. Erstelle dazu eine Kartenskizze.*

Im Zuge des Vormarsches erobern die Franzosen vom Kongo aus 1898 Faschoda am oberen Nil. Diese Aktion führt zur sogenannten Faschodakrise. Das Königreich Großbritannien drohte mit größeren Kriegshandlungen. Daraufhin werden die Franzosen zum Rückzug gezwungen.

Konflikte in Europa – der Erste Weltkrieg

1. *Ein Lied aus der damaligen Zeit hatte folgenden Text:*
   „Kein schönrer Tod ist's in der Welt
   als wer vom Feind erschlagen
   auf grüner Heid' im breiten Feld
   darf nicht hör'n groß Wehklagen."
   Vergleiche den Liedertext mit der Realität des Krieges.

Liedertext verklärt den Soldatentod. Die Kriegsrealität war aber ganz anders. (Grausamer Tod, Verstümmelung, Invalidität, etc.)

2. *Immer mehr Frauen mussten in der Kriegsproduktion arbeiten. Ein Werkzeugschleifer eines Berliner Kabelwerkes, Karl Retzlaw, schreibt in seinen Lebenserinnerungen: „Immer war etwas los. Besonders in den Nachtschichten. Keine Nacht ohne Zusammenbruch.*

In die Kriegsereignisse wurde zunehmend die Zivilbevölkerung einbezogen. Erhöhte Arbeitsbelastung durch Kriegswirtschaft, Mangel an Arbeitskräften durch den Abzug der Männer an die Front, Rückkehr der Männer als Invaliden, Zunahme des Mangels an Lebensmitteln, Mangel an Rohstoffen, Erziehungsprobleme der Mütter, die nun trotz vielfältiger Belastungen weiterhin die Versorgung und Erziehung der Kinder leisten müssen, etc.

4. Gewalt im Alltag – Umgang mit Konflikten

Gewalt bedroht uns überall
1. UE: Gewalt nützt niemandem
(Schülerbuch S. 42)

Lehrplanaussagen
LZ 8.4 Gewalt im Alltag – Umgang mit Konflikten
8.4.1 Erfahrungen mit Aggression und Gewalt
– Gewalt in der Schule: Erlebnisse, Formen und Ausprägungen von Gewalt
– Wirkung von Gewalt auf Täter und Opfer

Unterrichtsverlauf
Problemstellung
- Bildimpuls S. 42 Abb. 42.1 ⇒ freie Äußerungen über Raufereien im Schulhof
- Lehrerinfo: „Oliver und Martin haben gerauft. Leider blieb die Auseinandersetzung nicht ohne Folgen."

Zielangabe: Welche Folgen hat Olivers und Martins Rauferei? (TA)

Problemerarbeitung
- Hypothesenbildung: Schüler nennen mögliche Konsequenzen aus ihrem Erfahrungsschatz

1. Teilziel: Erkennen psychischer und physischer Folgen für die Opfer von Gewalthandlungen an Olivers Beispiel
- Tagebucheintrag Olivers lesen, Schülerbuch S. 42, Rekonstruktion des Vorfalls, TA, Verbalisierung, AA 1
- Impuls: „Du kannst dir vielleicht denken, wie Oliver sich jetzt fühlt." ⇒ Schüler versetzen sich in Olivers Lage und versuchen, körperliche und seelische Gefühle nachzuempfinden und auszudrücken, TA
- Psychischer Ausblick in die Zukunft, AA 2, die Angst Olivers erkennen und beschreiben
- Vermutungen zur Situation des Täters, AA 3 ⇒ Tätertagebuch erstellen; sich in die Sichtweise des Täters vor, während und nach der Tat hineinversetzen

2. Teilziel: Anlass, Ursache und Folgen aus der Sichtweise des Täters erfahren
- Text Schülerbuch S. 42 lesen, Anlass und Ursache der Gewalthandlung beschreiben, AA 4, TA
- Bewerten der Tat aus Sicht verschiedener Schülermeinungen, AA 5; Unverhältnismäßigkeit, Mitschuld Olivers, Rechtmäßigkeit der Handlung, Gewalt als Mittel diskutieren

3. Teilziel: Mögliche Konsequenzen für den Gewalttäter erfahren
- Auswertung der Grafik S. 42 ⇒ Folgen für Martin seitens des Gesetzes, der Schule, des Elternhauses, der Krankenversicherung des Opfers erfahren und besprechen; Lehrer nennt realitätsnahen Strafrahmen, TA
- Bewerten des Strafmaßes, finden eigener Urteile mit Begründungen, AA 7
- Provokation: „In der Klasse ist Martin bestimmt der Held." ⇒ mögliche Stellung Martins nach der Tat im Klassenverband diskutieren

Vertiefung und Ausweitung
- Diskussion: Hat Martins Gewalttat irgendjemandem genützt?
- Schüler suchen nach Möglichkeiten der Gewaltprävention, fallbezogen AA 8, allgemein auf Gewalt in der Schule bezogen
- Impuls: „Gewalt kommt aber nicht nur in der Schule vor." → Schüler nennen andere Gewaltbeispiele aus ihrem Erfahrungsschatz, Vorschau auf kommende Themen

Hausaufgabe
- Informationen über die rechtliche Situation von jugendlichen Gewalttätern sammeln, AA 9
- Sammeln von Gewaltbeispielen aus der Zeitung

Medien
- FWU 32 10306 (42 10306) – Gewalt fängt im Kleinen an
- FWU 32 10295 (4210295) – Ein Tritt mehr – Gewalt unter Jugendlichen

Tafelbild

Welche Folgen hat Olivers und Martins Rauferei?

Anlass und Ursachen
- Martin hat Ärger mit Eltern und Lehrer
- Er hat miese Laune
- Er mag Oliver nicht
- Oliver rempelt Martin an.

Die Tat
Martin schlägt Oliver nieder.

Folgen für Oliver:
schwere Verletzungen, Schmerzen, Krankenhausaufenthalt, Angstgefühle, Gefühle der Hilflosigkeit

Folgen für Martin:
Strafen durch Gesetz, Schule oder Elternhaus; finanzielle Leistungen; mögliche Ablehnung durch Mitschüler, Ruf eines Schlägertypen

Gewalt bedroht uns überall
2. UE: Gewalt in der Schule und im Alltag
(Schülerbuch S. 43)

Lehrplanaussagen
LZ 8.4 Gewalt im Alltag – Umgang mit Konflikten
8.4.1 Erfahrungen mit Aggression und Gewalt
– Gewalttätigkeiten im Alltag: Situationsbeschreibung, Bestandsaufnahme
– Gewalt in der Schule: Erlebnisse, Formen und Ausprägungen von Gewalt
– Wirkung von Gewalt auf Täter und Opfer

Unterrichtsverlauf
Problemstellung
● Impuls: „Gewalt nützt niemandem." ⇒ Reaktivierung von Vorwissen, Fallwiedergabe aus der letzten Stunde
● Impuls: „Gewalt kommt aber nicht nur in der Schule vor." ⇒ Schüler nennen andere Gewaltorte: Krieg, Familie, Clique, Fernsehen, …

Zielangabe: Gewalt erleben wir fast täglich (TA)

Problemerarbeitung
● Hypothesenbildung: Schüler nennen Gewaltbeispiele aus ihrem Erfahrungsbereich

1. Teilziel: Beschreiben, bewerten und ordnen von Gewaltbeispielen
● Bilder, Zeitungsartikel und Zeitungsüberschriften im Schülerbuch S. 43 beschreiben, AA 1,
● Verbalisierung möglicher Folgen für das jeweilige Opfer und dessen Gefühle, AA 2, Forschung nach Ursache und Zweck der Gewalthandlung
● Schüler stellen ihre aus Zeitungen ausgeschnittenen Gewaltbeispiele vor (vorbereitete Hausaufgabe)
● Ordnen aller Beispiele nach verschiedenen Gewaltschauplätzen bzw. Übermittlern, TA

2. Teilziel: Unterschiedliche Gewaltformen erkennen
● Unterscheidung der Beispiele von Gewaltanwendung in der Schule im Schülerbuch S. 43: seelische Gewalt (Ausgrenzung, Erpressung), körperliche Gewalt, Gewalt gegen Sachen, AA 3
● Diskussion über unterschiedliche Folgen für die Opfer (Zuordnung der Ergebnisse von TZ 2)

3. Teilziel: Versuch einer Klärung des Gewaltbegriffs
● „Was ist für dich alles Gewalt?" ⇒ Schüler suchen nach selbst formulierten Begriffsklärungen von Gewalt
● Vergleich der Schülerergebnisse mit der Aussage eines Wissenschaftlers, Schülerbuch S. 43, TA
● Suchen nach Gewaltbeispielen aus der Schule, auf welche die Definition zutrifft, AA 5

Vertiefung und Ausweitung
● Impuls: „Manche der Gewalttaten hätte man verhindern können." ⇒ Schüler suchen anhand der Buchbeispiele nach Möglichkeiten der Prävention
● Erstellen einer Schautafel über Gewaltbeispiele, AA 6

Hausaufgabe
● „Auch ich habe schon Gewalt erlebt." ⇒ Schüler beschreiben schriftlich ein selbst erlebtes Gewaltbeispiel (Querverbindung Deutsch)
● Gewaltbeispiele aus Zeitungen sammeln, AA 4

Medien
● FWU 32 10306 (42 10306) – Gewalt fängt im Kleinen an

Tafelbild

Gewalt erleben wir fast täglich

Schauplatz oder Übermittler	Gewaltbeispiele
Schule	Raufereien, Buchbeschädigungen Ausgrenzung, Hänseleien Erpressung
Alltagsleben (Straße, Bus ...)	Raubüberfall, gewaltsame Demonstration, Brandstiftung, Messerstecherei, Beleidigung
Fensehen, Zeitung	Gewaltbilder, Kriegsberichte, Gewalt in Filmen, Reality-TV

„Gewalt ist alles, was einem Menschen Schaden zufügt."

Was ist für dich Gewalt?
(Schülerbuch S. 44/45)

Lehrplanaussagen
LZ 8.4 Gewalt im Alltag – Umgang mit Konflikten
8.4.2 Gewalttätiges Handeln: Einflussfaktoren und
    Zusammenhänge
– Gesellschaft und Gewalt: Einstellungen, Akzeptanz, Werte
    und Normen
– Rolle und Bedeutung z. B. der Familie

Unterrichtsverlauf
Problemstellung
- Schüler stellen ihre aus Zeitungen gesammelten Gewalt-
beispiele vor; freie Aussprache
- Impuls: „Die Gewalt zeigt sich auf unterschiedliche Arten."
→ Schüler bemühen sich Unterscheidungen zu finden

Zielangabe: Was ist für dich Gewalt? (TA)

Problemerarbeitung
- Hypothesenbildung: Schüler überlegen sich eigene
Gewaltdefinitionen und Einteilungen

1. Teilziel: Verschiedene Gewaltkategorien erkennen
- Unterscheidung von physischer und psychischer Gewalt
(Auswertung der Grafiken im Schülerbuch S. 44)
Zuordnung gesammelter und neu erarbeiteter Beispiele
- Textanalyse und Begriffsklärung von „institutioneller
Gewalt" S. 44 , finden weiterer Beispiele
- Anwendung: Verbalisierung der Gewaltkategorien, AA 1,
TA, Zuordnung von Beispielen, AA 2, TA, AH 17, AA 1

2. Teilziel: Beispiele für Ablehnung von Gewalt in unserer
Gesellschaft erfahren
(Mögliche Erarbeitung in Gruppenarbeit)
- Gewalt wird vom Staat verboten: Auswertung und Verba-
lisierung der Bildergeschichte S. 44, AA 3, 4; Diskussion,
ob Urteil nicht auch Gewalt darstellt; Überleitung zum
Gewaltmonopol des Staates, AA 5; Bürger wird durch
Gesetz und staatliche Organe (Polizei) geschützt, AA 6

→ Lesen und Auswerten des Grundgesetzausschnittes im
Schülerbuch S. 44, TA)
- Beispiele für Gewaltablehnung in der Gesellschaft (Bild-
und Textauswertung im Schülerbuch S. 45; Beispiele
Prominenter suchen, AA 1; eigene (Projekt)ideen ent-
wickeln, AA 2, TA)
- Christliche Forderung nach Gewaltverzicht (Auswerten der
Bibelstellen, AA 3; Zuordnen von Gewaltbeispielen [Bsp.
Diskriminierung von Ausländern], AA 4, TA)

3. Teilziel: Unbewusste Gewalthandlungen im Alltag erfahren
und erkennen
- Textauswertung Schülerbuch S. 45, unbewusste Gewalthandlungen erkennen, AA 5
- Impuls: „Einmal ist es Gewalt und einmal nicht." Schüler
suchen Beispiele aus dem Text (Herr Meier lehnt Gewalt
ab und ist trotzdem gewalttätig); Schüler suchen mögliche
Begründungen dieser Diskrepanz, AA 6, TA
- Suchen und Besprechen von Beispielen unbewusster bzw.
gesellschaftlich akzeptierter Gewaltanwendung, AA 7,
AH 17, AA 3

Vertiefung und Ausweitung
- Impuls durch Überschrift im Schülerbuch „Gewalt
empfindet jeder anders." (Schüler suchen Beispiele für diesen Satz), AA 9, TA
- Diskussion und Auswertung des Kastentextes S. 45, AA 8
- Suchen von Beispielen, in denen Gewalt ausgeübt werden
muss, AH 17, AA 4

Hausaufgabe
- Schüler suchen in Zeitungen nach Beispielen in denen sich
Menschen gegen Gewalt einsetzen oder andere Personen
vor Gewalt schützen
- Überlegen einer persönlichen Gewaltdefinition,
AH 17, AA 2

Medien
- FWU 42 43950 - Spots gegen Gewalt im Fernsehen
- FWU 42 42973 - Spots gegen Gewalt und
Ausländerfeindlichkeit

Tafelbild

Was ist für dich Gewalt?				
Der Staat (Grundgesetz, staatliche Organe) und die Kirche stellen sich gegen Gewalt.	**Physische Gewalt** Schlägerei, Fußtritte, Brandstiftung, Sachbeschädigung	**Psychische Gewalt** Beleidigung, Ausgrenzung,, Bedrohung, Verpetzen, Horrorfilme	**Institutionelle Gewalt** Verweis, Strafzettel, Gefängnisstrafe, Führerschein-entzug	Eltern, Lehrer, Schüler, Prominente und viele frei-willige Helfer kämpfen gemeinsam gegen Gewalt

Schlimme Gewaltfälle werden von uns allen abgelehnt.
Es gibt aber auch Gewaltbeispiele, die jeder anders sieht.

„Hausarrest ist ein wichtiges Erziehungsmittel, damit einem Kind seine Grenzen gezeigt werden können."

„Hausarrest ist gewaltsame Freiheitsberaubung, die sich mit unseren Grundrechten nicht verträgt."

Name:_____ Klasse:_____ Blatt:_____

Was ist für dich Gewalt?

1. Ordne je ein passendes Beispiel (Zeitungstext- oder -bild, selbst erstellte Zeichnung) der jeweiligen Gewaltart zu.

Physische Gewalt	Psychische Gewalt	Institutionelle Gewalt

2. Beschreibe mit eigenen Worten, was der Begriff „Gewalt" für dich bedeutet.

_____

_____

3.

„Der eisenharte Verteidiger Katsche Benisch überzeugte wieder mit einer Weltklasseleistung."

„Mittelstürmer Egon Pauer musste mit einem doppelten Bänderriss und angebrochenem Schienbein ins Krankenhaus gebracht werden."

a) Überlege dir Gründe, warum in diesem Fall Gewalt akzeptiert, ja sogar häufig begrüßt wird.

_____

_____

_____

_____

b) Nenne andere Beispiele aus dem Alltag, in denen Gewalthandlungen gerechtfertigt und oft als normal betrachtet werden.

_____

_____

4.

… gestern gegen 15 Uhr wurde auf dem Marktplatz ein 16-jähriges Mädchen von mehreren Jugendlichen niedergeschlagen. Keiner der umstehenden Passanten kam zu Hilfe. Herr Meier: „Das ist Sache der Polizei. Da misch ich mich nicht ein. Außerdem darf ich vom Gesetz her niemanden angreifen."

a) Überlege dir Gründe, warum niemand geholfen hat.

_____

_____

b) Hat Herr Meier mit dem Hinweis auf das Gesetz Recht?

_____

_____

_____

Gewalt hat viele Ursachen
1. UE: Frust und Ablehnung führen zur Kettenreaktion
(Schülerbuch S. 46)

Lehrplanaussagen
LZ 8.4 Gewalt im Alltag – Umgang mit Konflikten
8.4.2 Gewalttätiges Handeln: Einflussfaktoren und Zusammenhänge
– Gesellschaft und Gewalt: Einstellungen, Akzeptanz, Werte und Normen
– Rolle und Bedeutung z. B. der Familie, der Gruppe

Unterrichtsverlauf
Problemstellung
- Impuls: „Gewalt tritt auch in Schule und Familie auf." ⇒ Schüler nennen Beispiele
- Gelenktes Unterrichtsgespräch über Vermeidungsmöglichkeiten führt zum Ergebnis, dass man vor der Bekämpfung eine Ursachenanalyse braucht.

Zielangabe: Welche Ursachen können Gewalthandlungen haben? (TA)

Problemerarbeitung
- Hypothesenbildung: Schüler stellen Vermutungen über Gewaltursachen an

1. Teilziel: Gewalt im Alltag als Weiterleitung selbst erlebter Gewalthandlungen verstehen
- freie Äußerungen zur Bilderfolge im Schülerbuch S. 46, Gedanken des Zeichners nachvollziehen, AA 1
- Ursachenanalyse der einzelnen Gewalthandlungen,

Gewalt als Druckmittel gegenüber Schwächeren verstehen, AA 2, TA
- Schüler finden eigene Gewaltsituationsketten, AA 3

2. Teilziel: Die Entstehung der schulischen Außenseiterposition als Teufelskreis und Gewaltursache verstehen und erkennen
- situativen Text im Schülerbuch S. 46 lesen und wiedergeben, Schüler überlegen sich möglichen Fortgang der Geschichte, AA 4
- Schüler beschreiben die einzelnen Gewalthandlungen Daniels und suchen nach Ursachen, AA 5
- Impuls: „Gewalt hat häufig mehrere Auslöser." ⇒ erlebte Entäuschung, Ablehnung o. Ä. über einen längeren Zeitraum kann auch eine Ursache sein
- versuchte Klärung des Begriffs „Teufelskreis" im Unterrichtsgespräch; Übertragung auf die dargestellte Situationskette im Schülerbuch S. 46, Verbalisierung
- Schüler entwickeln ein Fallbeispiel analog zur Situationskette AA 7; gemeinsames Suchen von Gründen für die Ablehnung von Mitschülern, AA 8, TA

Vertiefung und Ausweitung
- Impuls: „Wenn man die Ursachen von Gewalt kennt, kann man sie auch bekämpfen." ⇒ Schüler suchen gemeinsam nach Lösungen, um die erarbeiteten Ursachen von Gewalt zu bekämpfen
- Unterrichtsgespräch, wie ein Schüler selbst wieder aus der Außenseiterposition herauskommen könnte, AA 9

Hausaufgabe
- Sendungen im Fernsehprogramm suchen, die vom Titel her bereits Gewaltinhalte ankündigen, Fernsehzeitungen in die Schule mitbringen

Tafelbild

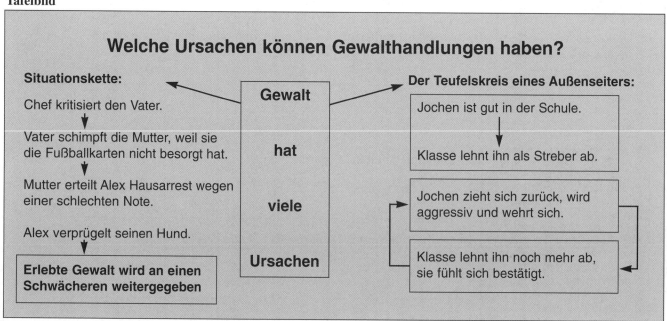

Gewalt hat viele Ursachen
2. UE: Gewalt auf allen Kanälen
(Schülerbuch S. 47)

Lehrplanaussagen
LZ 8.4 Gewalt im Alltag – Umgang mit Konflikten
8.4.2 Gewalttätiges Handeln: Einflussfaktoren und
    Zusammenhänge
– Gesellschaft und Gewalt: Einstellungen, Akzeptanz, Werte
  und Normen, Darstellung von Gewalt
– Rolle und Bedeutung z. B. des Fernsehens, von
  Computerspielen

Unterrichtsverlauf
Problemstellung
- Bildimpuls S. 47 ⇒ freie Äußerungen
- Impuls: „Mario (13 Jahre) kann nach manchen Filmen
nicht schlafen." ⇒ Gewalt erzeugt Angstgefühle

Zielangabe: Welche Folgen können Gewaltsendungen
haben? (TA)

Problemerarbeitung
- Schüler stellen Vermutungen aus dem eigenen
Erfahrungsbereich an

1. Teilziel: Verschiedene Arten von Gewaltdarstellung im
Fernsehen erfahren
- Schüler suchen in PA nach unterschiedlichen Arten der
Gewaltdarstellung im Fernsehen, Auswertung der
Beispiele im Schülerbuch S. 47, TA
- Liste von aktuellen Sendungen mit Gewaltinhalten auch
mithilfe mitgebrachter Fernsehzeitschriften erstellen
- Auswertung der Grafik S. 47 ⇒ bis 13 % Gewaltanteil
am Sendevolumen einzelner Sender

2. Teilziel: Die Folgen medialer Gewaltdarstellung im
Fernsehen erkennen und erfahren
- Auswertung der Ergebnisse von Gewaltforschern S. 47,
Bedrohung ⇒ Furcht ⇒ Gewalt; aufstellen möglicher
Fallbeispiele, TA
- Analyse des Zeitungsartikels S. 47, Wiedergabe und eige-
ne Wertung
- Wiedergabe der Erkenntnisse des Medienpädagogen
S. 47, Vergleich mit den eigenen Ergebnissen, TA

3. Teilziel: Gewaltverursachende Inhalte der modernen
Medien Computer und Internet erkennen
- Schüler erstellen eine Liste der aktuellsten und belieb-
testen Computerspiele und beschreiben ihre Inhalte;
Erarbeitung gewaltorientierter Inhalte der Spiele im
Unterrichtsgespräch
- Auswertung des Infotextes über die Wirkung von
Computerspielen S. 47
- Lesen und Wiedergabe der Spielbeschreibung S. 47,
Wertung und Erarbeitung von Folgewirkungen
- Impuls: „Das Internet liefert nicht nur wichtige und
nützliche Daten." ⇒ Erarbeitung möglicher Gefahren:
gewaltorientierte Spiele, Texte und Bilder, Forum und
Organisationszentrale radikaler Gruppen, TA

Vertiefung und Ausweitung
- Zusammenfassende Verbalisierung der erarbeiteten
Inhalte, AA 1
- Abschlussdiskussion, AA 2

Medien
- FWU 42 43580 - Manchmal hab' ich große Angst.
Wie Kinder Gewalt im Fernsehen erleben.
- FWU 42 3114 - Freigegeben ab …
Jugendschutz in Film und Fernsehen
- FWU 42 00510 - Wer Gewalt sät …
Videomarkt und Jugendschutz

Tafelbild

Welche Folgen können Gewaltsendungen haben?

Fernsehen Video	Gewaltnachrichten Gewalt in Sportsendungen Kriegsberichte Gewalt in Spielfilmen Reality-TV sprachliche Gewalt in Talk-Shows	• Gefühle von Bedrohung und Angst erzeugen Gewalt • Unterschied zwischen Realität und Film verschwimmt • Gewalt wird alltäglich und selbstverständlich • Gewalttäter werden zu Helden • bewirken Gewalt und Aggressivität auch im Alltag	Computerspiele Internet
			• Aufruf zur Gewalt • Verbindungsmöglichkeit radikaler Gruppen • Verkaufsstelle von Gewaltmedien

Gewalt hat viele Ursachen
3. UE: Die Familie ist auch keine gewaltfreie Zone
(Schülerbuch S. 48)

Lehrplanaussagen
LZ 8.4 Gewalt im Alltag - Umgang mit Konflikten
8.4.2 Gewalttätiges Handeln: Einflussfaktoren und Zusammenhänge
– Gesellschaft und Gewalt: Einstellungen, Akzeptanz, Werte und Normen, Darstellung von Gewalt
– Rolle und Bedeutung z. B. der Familie, der Gruppe

Unterrichtsverlauf
Problemstellung
● Impuls: „Gewalt hat viele Ursachen." → Reaktivierung von Vorwissen, Schüler nennen und erklären Inhalte der Vorstunde
● Hinführungsimpuls: „Viele Gewaltursachen haben ihren Ursprung in der Familie und im Alltag." → freie Äußerungen, Hypothesenbildung

Zielangabe: Wie können Probleme in der Familie und im Alltag Gewalt fördern?

Problemerarbeitung
1. Teilziel: Gewaltursachen im familiären Umfeld kennen lernen
● Bildimpuls Schülerbuch S. 48 Abb. 48.1 → Kinder sind häufig Gewaltopfer in den Familien
● Erarbeitung im Unterrichtsgespräch: weitere Gewalttätigkeiten an Kindern, Darstellung wichtiger Problemfelder innerhalb der Familien, die diese Gewalttätigkeiten begünstigen
● Analyse der Aussage des Jugendberaters S. 48, AA 1; Suchen von Beispielen in der bereits vorhandenen Sammlung von Zeitungsartikeln (vgl. S.54, 55)

2. Teilziel: Soziale Probleme als wichtige Gewaltursachen verstehen lernen

● Karikatur S. 48 Abb. 48.2 → Schüler erkennen Arbeitsplatzproblematik und überlegen sich mögliche Folgen daraus, AA 3
● Analyse des Ausschnitts aus dem Jugendbericht der Bundesregierung S. 48; Gründe für die höhere Gewaltbereitschaft suchen, AA 4
● Durchspielen eines konkreten Fallbeispiels, AA 5

3. Teilziel: Vorurteile als Nährboden für Gewaltbereitschaft, Ausländerfeindlichkeit und Rassismus erkennen
● Impuls: „Rechtsradikale zündeten Wohnhaus mit hauptsächlich türkischen Bewohnern an." → Schüler suchen nach Gründen für eine solche Tat
● Analyse und Bewertung des Infotextes S. 48
● AH 18, AA 1: Vorurteilstest
● Anwendung auf konkrete Beispiele, Entkräften der Aussagen im Unterrichtsgespräch, AA 6

Vertiefung und Ausweitung
● Zusammenfassende Verbalisierung der Kausalkette, AA 7: soziale Probleme – Frust – Gewaltbereitschaft (Sündenbocksuche, Ansprechpartner für radikale Gruppen), Suche nach Beispielen, AA 8
● Analyse eines konkreten Falls: AH 18, AA 2
● Transfer: Erarbeitung möglicher Folgen von zu antiautoritärer Erziehung, AA 2 → ein Kind ohne die Kenntnis von Grenzen wird in der Realität Enttäuschungen erleben, diese können gewaltauslösend wirken

Hausaufgabe
● Schüler überlegen sich Möglichkeiten, wie man sich im Alltag vor Gewalt schützen kann
● AH 18, AA 3 Auswertung der Karikatur

Medien
● FWU 42 43703 - Randale – Erziehung in der Familie
● FWU 32 03638 - Mario hat blaue Flecken
● FWU 42 44108 - Montagskinder – Schlag auf Schlag
● FWU 42 42670 - Junge Ausländer
● FWU 42 42973 - Spots gegen Gewalt und Ausländerfeindlichkeit

Tafelbild

Wie können Probleme in der Familie und im Alltag Gewalt fördern?		
Familie	**Soziale Probleme**	**Vorurteile**
Geringe Einkünfte, Stress, Arbeitslosigkeit, schlechte Wohnsituation, Eheprobleme	Arbeitslosigkeit, geringe Einkünfte, keine Statussymbole (Auto, Kleidung...), Gefühl der Wertlosigkeit	Soziale Probleme → Anfälligkeit für radikale Gruppen → Suche nach Sündenböcken für die schlechte Situation
Prügel, seelische Verletzungen, Vernachlässigung, Missbrauch		Gewaltbereitschaft gegen Schwächere, Ausländerfeindlichkeit, Rassismus
Wir erkennen: Steigende Gewaltbereitschaft bei selbst erlebter Gewalt, großen sozialen Problemen und unbegründeten Vorurteilen		

Name: _____ Klasse: _____ Blatt: _____

Gewalt hat viele Ursachen

1. Mache den Ländertest: Welche Eigenschaften haben nach deiner Meinung die Menschen folgender Länder? Vergib für jede Eigenschaftsspalte die Punkte 1 - 4. 1 bedeutet, dass die Eigenschaft am stärksten zutrifft, 4 am schwächsten. Zu welchem Ergebnis kommst du?

Eigenschaften	Franzosen	Türken	Polen	Niederländer	Deutsche
freundlich					
pünktlich					
herrschsüchtig					
arrogant					
tolerant					
humorvoll					
stolz auf ihr Land					

Auswertung:
Liebe Testperson,
solltest du der Meinung gewesen sein, dass dieser Test einfach blöd und widersinnig ist, dass man so etwas ja gar nicht beurteilen kann, dass Deutscher nicht gleich Deutscher und Türke nicht gleich Türke ist, dann hast du recht. 100 Punkte für den, der sich geweigert hat, das zu tun. Diejenigen, die das ausgefüllt haben, sollten sich noch einmal überlegen, ob sie da nicht in eine – absichtlich gestellte – Falle gegangen sind. Bist du dir wirklich sicher, dass das Urteile sind, oder sind wir nicht mitten im Thema Vorurteile?

2. Beantworte stichpunktartig die Fragen zu folgendem Text.

Christian R.(19) - ein Lebenslauf
Der Vater macht sich aus dem Staub, nachdem Christian geboren ist. Die Mutter ist vor ihrem prügelnden Vater zu ihrem ersten Freund geflüchtet. Wie ein lästiges Bündel ist Christian R. von Pflegefamilie zu Pflegefamilie, von Heim zu Heim weitergereicht worden. Zwischendurch kehrt er immer wieder zur Mutter zurück, die ihn brutal schlägt. Mit acht steckt er Kunststoffplatten in einer Baufirma in Brand, später fackelt er eine Scheune ab, dann steckt er einen Altersgenossen in einen Gully und bewirft ihn mit brennendem Heu. Von ihm stammt der Satz: "Ich bin böse, deshalb werde ich geschlagen, und deshalb muss ich schlagen." Seine Brutalität lässt er auch an Katzen aus. Sie machen nachts so einen Lärm." Das gleiche hat er über die Kinder seiner türkischen Nachbarn gesagt, bevor in dem Haus fünf Menschen erstickten... [nach Marianne Quoirin, Kölner Stadt-Anzeiger vom 05.05.1995]

a) Nenne negative Kindheitserlebnisse von Christian.

_____

_____

b) Welche Ursachen könnten seine Gewalttätigkeiten gegen Altersgenossen, Tiere und Sachen haben?

_____

_____

c) Überlege, warum er gerade ein Haus einer türkischen Familie angezündet hat.

_____

_____

3. Was will der Zeichner mit seiner Karikatur aussagen?

_____

_____

_____

Keine Chance für Gewalt
(Schülerbuch S. 49/50)

Lehrplanaussagen
LZ 8.4 Gewalt im Alltag - Umgang mit Konflikten
8.4.2 Gewalttätiges Handeln: Einflussfaktoren und
Zusammenhänge
– Möglichkeiten des Schutzes

Unterrichtsverlauf (evtl. 2 Unterrichtseinheiten)
Problemstellung
- Impuls: „Auch die Familie ist keine gewaltfreie Zone." →
  Schüler beschreiben Gewaltbeispiele und deren Ursachen
  aus der Vorstunde.
- Kontrastimpuls: „Vergleich der Abb. 49.1 und 50.1
  (Schülerbuch S. 49 und 50) → freundschaftliche und
  angeregte Gespräche stehen im Gegensatz zu Streit und
  Aggression, bereits äußerliche Faktoren (Schülercafé)
  wirken gewalthemmend

Zielangabe: Wie können wir Gewalt verhindern?

Problemerarbeitung
- Hypothesenbildung: Schüler überlegen sich
  Möglichkeiten der Gewaltvorbeugung
1. Teilziel: Schulische Beispiele der Gewaltvorbeugung ken-
nen lernen
- Vertiefende Bildbeschreibung Abb. 49.1
- Lesen und Besprechen des Interviews im Schülerbuch
  S. 49, AA 1, 2; Übertragen auf die eigene Schulsituation,
  AA 3
- Analysieren der Projektideen S. 49, AA 4, TA
- Möglichkeiten finden, Problemfelder im eigenen
  Klassenverband zu entschärfen, AA 6

2. Teilziel: Verhaltensrichtlinien in Gefahrensituationen
erfahren und besprechen
- Bildbeschreibung S. 50, Abb. 50.1; Wie soll sich der
Tafelbild

Junge verhalten? Wie fühlt er sich? AA 1; freie
Äußerungen
- Lesen und Diskutieren der Psychologentipps S. 50, TA
- Schüler versuchen in Fallbeispielen und Rollenspielen die
  Tipps umzusetzen, AA 2
- Besprechung der Erlebnisse von Aischa und des Begriffes
  „Courage" S. 50, Finden eigener Fallbeispiele, in denen
  man Courage zeigen kann, AA 3
- Impuls: „Zu viel Courage kann aber auch gefährlich
  sein." → Schüler erkennen die Notwendigkeit eines situa-
  tionsangepassten Verhaltens

3. Teilziel: Beispiele von Gewaltverhinderung im Alltag und
in den Medien kennen lernen, besprechen und erarbeiten
- Besprechung der Karikatur Abb. 50.2 → Gewaltvermei-
  dung durch Ablehnung vorschneller Vorurteile, AA 4, TA
- Finden und Entkräften aktueller Vorurteile, AA 5
- Lesen und Diskutieren des Zeitungsvorschlages zur
  Eindämmung der Mediengewalt, AA 6, TA
- Entwicklung eigener Ideen, AA 7

Vertiefung und Ausweitung
- Unterrichtsgespräch: Welche der genannten Vorschläge
  erscheinen dir am sinnvollsten und welche lassen sich bei
  uns im Alltag sehr schnell umsetzen?
- Finden eigener Projektideen gegen Gewalt, Schülerbuch
  S. 49, AA 5

Hausaufgabe
- Infomaterial nach AA 8 besorgen; Schutzmöglichkeiten
  stichpunktartig fixieren

Medien
- FWU 42 10356 - Zurückschlagen? Dazwischengehen?
  Wegschauen? Beispiele zur Gewaltprävention
- FWU 42 31140 - Freigegeben ab... Jugendschutz in Film
  und Fernsehen
- FWU 42 44373 - Dienstag – Gewalt in der U-Bahn

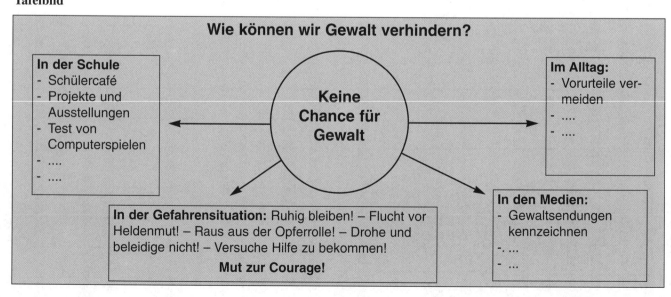

Es geht auch ohne Streit
(Schülerbuch S. 51)

Lehrplanaussagen

LZ 8.4 Gewalt im Alltag - Umgang mit Konflikten

8.4.3 Konflikte und ihre Bewältigung

– Entstehen von Konflikten: verschiedene Meinungen, Wünsche, Neigungen, Interessen, Rollenerwartungen

– Möglichkeiten der Konfliktlösung: Gespräch, Zurückhaltung und Verzicht, Kompromiss, Wege, um berechtigte Wünsche durchzusetzen

Unterrichtsverlauf

Problemstellung

- Impuls: „Die Eltern haben häufig andere Vorstellungen wie die Kinder." → Schüler nennen Beispiele für familiäre Konfliktsituationen und deren Folgen (Streit, Beleidigung, Ohrfeige, Hausarrest ...)
- Hinführungsimpuls: „Du findest solche Streitigkeiten in der Familie auch nicht schön."

Zielangabe: Wie können wir Streit vermeiden?

Problemerarbeitung

- Hypothesenbildung: Schüler suchen selbst Strategien zum Vermeiden von Streit

1. Teilziel: Konfliktlösungen ohne Verlierer am konkreten Fallbeispiel kennen und verstehen lernen

- Ausgangssituation: Abb. 51.1 im Schülerbuch S. 51: Schüler geben Bild- und Sprechblaseninhalte wieder; eigene Bewertung der einzelnen Meinungsbilder, AA 1
- Emotionale Streitfolgen erkennen und besprechen, AA 2
- Besprechen der Aussage des Psychologen, S. 51, Vermutungen, wie man im vorliegenden Fall einen Kompromiss erzielen könnte

- Analyse der Vorschläge der Familienmitglieder, Nachspielen der Vorschläge mit möglichen Reaktionen, AA 3; Klären der Frage: Ist der Vorschlag wirklich ein Kompromiss, mit dem alle Seiten leben können?
- Diskutieren und Suchen einer endgültigen Kompromisslösung, AA 4

2. Teilziel: Konfliktbeispiele aus dem Familien- und Freundeskreis sammeln und nach Kompromisslösungen suchen

- Beschreiben der Karikatur Abb. 51.2 → Schüler erkennen bildlich dargestellten Generationskonflikt
- Schüler suchen nach Beispielen des Generationskonflikts, AA 5
- Suche von Kompromisslösungen in selbst ausgewählten Fallbeispielen, Lösungen im Rollenspiel (z. B. aus dem Schulalltag: Einrichten einer Schlichtungsinstanz) , AA 6, AH 19, AA 1

Vertiefung und Ausweitung

- Impuls: „Kompromisse sind aber nicht nur in der Familie oder im Freundeskreis wichtig, ja häufig sogar lebensnotwendig." → gelenktes Unterrichtsgespräch → Schüler erkennen Notwendigkeit von Kompromissen in der Politik (z. B. Vermeidung von militärischen Auseinandersetzungen)

Hausaufgabe

- Schüler informieren sich über aktuelle Kompromisse in der Politik (evtl. auch Kommunalpolitik) mit Hilfe von Zeitungsartikeln bzw. Fernsehberichten

Medien

- FWU 42 43885 - Die Kummerlöser

Tafelbild

Wie können wir Streit vermeiden?	
Konflikt	
Konfliktlösung ohne Kompromiss	**Konfliktlösung mit Kompromiss**
Sieg des Stärkeren (dieser übt bereits Gewalt aus) - es gibt einen Verlierer - Wut- und Minderwertigkeitsgefühle, Enttäuschung und Aggression beim Verlierer - Konflikt kann auf beiden Seiten zum Gewaltauslöser werden	- es gibt keinen Verlierer - beide Seiten geben etwas nach und kommen der anderen Seite entgegen - Vermeidung von Gefühlen der Enttäuschung, der Wut und Aggression - aus dem Konflikt entsteht keine Gewaltbereitschaft
Kompromisse tragen viel dazu bei, dass unsere Alltagskonflikte, aber auch große politische Konflikte gewaltfrei gelöst werden können.	

Auf die richtige Reaktion kommt es an
(Schülerbuch S.52)

Lehrplanaussagen
LZ 8.4 Gewalt im Alltag - Umgang mit Konflikten
8.4.3 Konflikte und ihre Bewältigung
– Entstehen von Konflikten: verschiedene Meinungen,
Wünsche, Neigungen, Interessen, Rollenerwartungen
– Möglichkeiten der Konfliktlösung: Gespräch,
Zurückhaltung und Verzicht, Kompromiss, Wege, um
berechtigte Wünsche durchzusetzen

Unterrichtsverlauf
Problemstellung
● Tafelanschrift: „Kompromiss" → Schüler wiederholen
Konfliktbeispiele und mögliche Kompromisslösungen aus
der Vorstunde
● Sprechblasenbild im Schülerbuch S. 52 → Schüler geben
Situation wieder und bewerten die unterschiedlichen
Antworten, AA 1

Zielangabe: Wie reagiere ich richtig?

Problemerarbeitung
● Schülervermutungen, wie man nach verbalen Angriffen
am besten gewaltverhindernd reagiert

1. Teilziel: Strategien kennen lernen, die Gewaltspirale nach
Verbalangriffen zu unterbrechen
● Erarbeitung möglicher Folgereaktionen auf die einzelnen
Antworten aus dem Sprechblasenbild S. 52; Diskutieren
der Lösungen, die am besten mögliche Gewaltreaktionen
verhindern, AA 2, Fixierung der Reaktionen mit Folgen,
TA
● Lesen und besprechen des Infotextes S. 52, Klären des
Begriffes „Gewaltspirale"
● Lesen und gedankliches Durchspielen des Fallbeispiels

S. 52, Schüler überlegen, wie sie in der Situation reagiert
hätten und suchen nach Möglichkeiten, den drohenden
Messerangriff bereits im Vorfeld zu verhindern, AA 3
● Grafikauswertung Abb. 52.1 → Erarbeitung von
Verhaltensregeln in Konfliktsituationen (Bsp.: höflich
sein, Ruhe bewahren, etc. ...), AA 5, TA
● Anwendung der Verhaltensregeln in selbst ausgedachten
Rollenspielen, AA 6, AH 19, AA 2

2. Teilziel: Erkennen, dass das Durchsetzen von berechtig-
ten Ansprüchen legal und gewaltlos erfolgen muss
● Vergleich der beiden Situationsbeschreibungen S. 52 →
Schüler erkennen, dass Möglichkeit A einerseits den
Schaden nicht behebt und andererseits für Tobias auch
negative Folgen erwachsen können (z. B. Anzeige wegen
Körperverletzung, o. Ä.), AA 7
● Durchspielen und Weiterführen von Möglichkeit B, erar-
beiten ihrer Vorteile
● Suchen nach weiteren Beispielen für das legale
Durchsetzen berechtigter Ansprüche, AA 8

Vertiefung und Ausweitung
● Impuls: „Du kennst bestimmt Alltagsvorfälle, in denen du
leicht aggressiv wirst." → Schüler suchen Alltagsbei-
spiele, in denen sie aggressive Gefühle entwickeln und
versuchen Strategien zur Gewaltvermeidung zu finden,
AA 4, AH 19, AA 3

Hausaufgabe
● Schreiben von kurzen Szenen zu Aggression und Gewalt
(Querverbindung zum Fach Deutsch), AA 9

Medien
● FWU 32 03673 - Helden – Kinder in Konfliktsituationen

Tafelbild

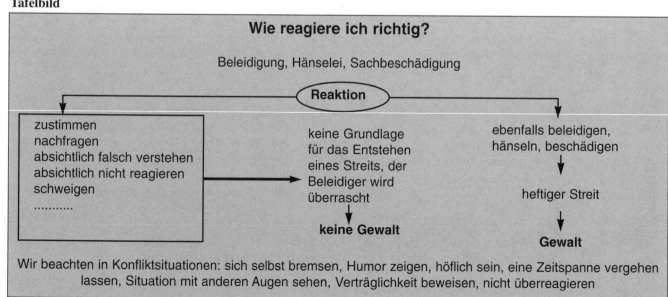

Name:_____ Klasse:_____ Blatt:_____

So lassen sich Konflikte lösen und vermeiden?

1. Lisa ist Schlichterin für die achten Klassen in ihrer Schule. Immer wenn es zu schwereren Auseinandersetzungen zwischen Schülern und Schülerinnen kommt, ist es ihre Aufgabe, in einem Schlichtungsgespräch einen für beide Seiten tragbaren Kompromiss zu finden und somit den Streit zu beenden. Unterstreiche in folgender Auswahl die Verhaltenstipps an, die deiner Meinung nach für ein erfolgreiches Schlichtungsgespräch wichtig sind.

> Stärke zeigen – sofort losbrüllen – Höflichkeit zeigen – die Eltern einschalten – ausreden lassen – Sachlichkeit zeigen – alte Vergehen erwähnen – beleidigen – kompromissbereit sein – wieder wütend werden – Verständnis zeigen – Streitursache genau untersuchen – sich in die Lage des anderen versetzen – gut zuhören – nur die Fehler des anderen sehen – eigene Gefühle aussprechen – sich entschuldigen können

„Gibt es jemand Dümmeren als dich?"

„ .... "

2. Heinz will einen Streit provozieren und erwartet, dass Sven ihn ebenfalls beleidigt. Dann hätte er einen Grund mit weiteren Beleidigungen oder auch Handgreiflichkeiten zu reagieren. Wie kann ihm nun Sven mit seiner Antwort keine Gelegenheit dazu geben? Versuche mit Hilfe folgender Überbegriffe gelungene Antworten zu finden.

zustimmen: _____

nachfragen _____

absichtlich falsch verstehen _____

Thema wechseln _____

als Kompliment werten _____

zum Fortfahren ermuntern _____

3. Überlege, welche Situationen dich aggressiv machen und wie du darauf meistens reagierst. Suche selbst nach Möglichkeiten wie du einem Streit aus dem Wege gehen könntest.

So etwas macht mich aggressiv	So reagiere ich meistens darauf.	Mit dieser Reaktion könnte ich einen Streit vermeiden.

Lösungsvorschläge
„Jetzt bin ich fit"
(Schülerbuch S. 53)

1. *Nenne drei Übergriffe, unter denen sich Gewalttaten einorden lassen und ordne ihnen folgende Beispiele zu.*
   1. *Physische Gewalt:*
   - Zerstörung eines Bushäuschens
   - Ohrfeige des Vaters
   - Schlägerei im Pausenhof
   - Stockstich beim Eishockey

   2. *Psychische Gewalt:*
   - Auslachen eines Schülers beim Turnen
   - Erpressung durch Gewaltandrohung
   - Lügen über den Nachbarn verbreiten

   3. *Institutionelle Gewalt:*
   - Verweis eines Lehrers
   - Führerscheinentzug wegen Trunkenheit am Steuer

2. *Suche im Grundgesetz passende Artikel aus dem Grundrechtskatalog, die Gewalt in unserem Staat verbieten.*
   GG Art. 1 (1):
   Die Würde des Menschen ist unantastbar. Sie zu achten und zu schützen ist Verpflichtung aller staatlichen Gewalt.
   GG Art.2 (2):
   Jeder hat das Recht auf Leben und körperliche Unversehrtheit. Die Freiheit der Person ist unverletzlich.

3. *Klaus wird bei einer Rauferei im Schulhof von Felix verletzt. Überlege mit Hilfe der Symbole, welche Folgen die Tat von Felix für ihn haben könnte.*
   Strafen der Eltern (Hausarrest, Taschengeldabzug), der Schule (Verweis, Schulausschluss) oder durch das Gericht (Geldstrafe, soziale Arbeitsleistung)
   Verweigerung von Kostenzahlungen seitens der Versicherung
   Ruf als Schlägertyp, Ablehnung in der Schule oder im Freundeskreis

4. *Versuche durch folgende Fallschilderung zu erklären, dass Gewalt oft durch einen „Teufelskreis" entsteht. Überlegt, wie die Situation weitergehen könnte.*
   individuelle Beantwortung

5. *Ergänze folgende Gewaltkette mit weiteren Ursachen und Folgen. Überlege, warum oft Gewalt als Folge auftritt. Arbeitslosigkeit, Gewalt in der Familie, geprügelte Kinder.*
   Ursachen: schlechte Wohnverhältnisse, wenig Geld, keine Zukunftsperspektiven, Eheprobleme, Stress in der Arbeit
   Folgen für die Kinder: körperliche und seelische Vernachlässigung, Erniedrigung, sexueller Missbrauch,
   Weitere Folgen: Gewalt gegen den Ehepartner, erhöhte Gewaltbereitschaft im Alltag, Frust und Enttäuschung

provoziert Gewalttaten, Anfälligkeit für radikale Parolen und Taten

6. *Die Medien sind voll von Gewalt. Nenne Beispiele anhand folgender Medienbereiche.*
   Medienbeispiele:
   Kriegsberichte in den Nachrichten, Gewaltspiele auf CD-Rom, gewaltverherrlichende Songs, radikale Aufrufe im Internet, Actionfilme mit hohem Gewaltanteil im Fernsehen auf Video, Ausschlachtung von wirklich geschehenen Gewalttaten in Fernsehshows, Gewaltcomics, überzogen dargestellte und bebilderte Gewaltberichte in Zeitschriften

7. *Wie wirkt sich die Gewaltszene im Fernsehen auf den Jungen aus. Schildere weitere Folgen von Gewaltdarstellung auf Kinder.*
   Der Junge kann zwischen Spiel und Wirklichkeit nicht mehr unterscheiden. Die im Wrestling von Profis nur gespielten Kämpfe und Niederschläge erzeugen ein falsches Bild bei ihm. Da die Kämpfer trotz schwerster Schläge immer wieder aufstehen, glaubt er, dass diese Art von Gewalt keine großen negativen Folgen nach sich zieht. Deshalb setzt er auch im Alltag Gewalt wie ein Spiel ein. Um so mehr ist er dann verblüfft, als der von ihm niedergeschlagene Junge liegen bleibt und unter Umständen schwere Verletzungen erlitten hat.
   An diesem Beispiel wird die Gefahr durch die Medien deutlich, die dem jugendlichen Zuschauer die Fernsehwelt als Wirklichkeit vorgaukeln.

8. *Mache Vorschläge, wie du dich in einer bedroghlichen Konfliktsituation verhalten sollst.*
   Tipps für Konfliktsituationen:
   ● Ruhig bleiben!
   ● Flucht vor Heldenmut!
   ● Raus aus der Opferrolle!
   ● Drohe und beleidige nicht!
   ● Versuche Hilfe zu bekommen!
   ● Verblüffe den Angreifer!

9. *Vorurteile sind sehr oft der Nährboden für Gewalt. Sucht Beispiele dafür aus allen Lebensbereichen. Diskutiert die Aussagen von Vorurteilen.*
   9. Individuelle Beantwortung

10. *Entwickelt für folgende Fälle Lösungen ohne Streit und Gewalt.*
    Mögliche Lösungen ohne Streit:
    ● Die Tochter bietet an, einen modernen Hosenanzug anzuziehen.
    ● „Ich danke dir für dieses nette Kompliment."
    ● Heinz entschuldigt sich sofort bei Paul.
    ● „Pepper-Jeans sind nicht mehr lang in Mode. Da rentiert es sich nicht, noch eine neue Hose zu kaufen."
    ● Susanne bittet ihre Eltern, Achmed erst einmal kennen zu lernen.

5. Boden

Boden als Ernährungsgrundlage
Landwirtschaft 1950 – Landwirtschaft heute
(Schülerbuch S. 54/55)

Lehrplanaussagen

LZ 8.5 Boden Ph/Ch/B 8.1
8.5.1 Boden als Ernährungsgrundlage – AI 8.1
– Landwirtschaft um 1950; bäuerlicher Kleinbetrieb
– Strukturwandel in der Landwirtschaft: industrialisierte
  Landwirtschaft, Flurbereinigung

Unterrichtsverlauf

(Doppelstunde)
Motivation
● Stummer Impuls: Kontrastierende Bilder
  Schülerbuch S. 54
  Abb.: 54.1 Ackerbestellung 1950
  Abb.: 54.3 Ackerbestellung heute,
  AA 1
● Schüler betrachten still, Schüler äußern sich spontan

Zielangabe: Landwirtschaft früher und heute

Erarbeitung
1.Teilziel: Flurbereinigung
● Text Schülerbuch S. 54 – AA 2
  Grafik Schülerbuch S. 54
  Abb.: 54.2 Vor der Flurbereinigung
  Abb.: 54.4 Nach der Flurbereinigung
1. Teilwiederholung: mündlich

2. Teilziel: Spezialisierung
● Text Schülerbuch S. 55 – AA 3
● Grafik Schülerbuch S. 55
  Abb.: 55.1 Struktur des Huber-Hofes 1950 und heute
2. Teilwiederholung: mündlich

3. Teilziel: Intensivierung
● Text Schülerbuch S. 55 – AA 2, 3
3. Teilwiederholung: mündlich

4. Teilziel: Mechanisierung
● Text Schülerbuch S. 55 – AA 4
4. Teilwiederholung: mündlich
● Vorschlag zur Methode:
– stilles Erlesen des Textes bzw. Betrachten der Grafik
– Partnergespräch, Gruppengespräch
– Unterrichtsgespräch – Analyse des Textes, der Grafik –
  Erkenntnisgewinnung
– Fixierung der Ergebnisse an der Tafel (siehe Tafelbild)
● Anmerkung:
  Teilziele lassen sich auch gut in arbeitsteiliger
  Gruppenarbeit bearbeiten.
Gesamtwiederholung: mündlich anhand der
  Tafelstichpunkte

Sicherung
Hefteintrag des Tafelbildes

Tafelbild

Landwirtschaft früher und heute

Landwirtschaft 1950		Landwirschaft heute	
klein – mittel	Betriebsgröße	groß	Flurbereinigung
viele Früchte	Anbau	wenige Früchte	Spezialisierung
viele verschiedene Tiere	Viehbestand	eine Tierart	
viele Arbeitskräfte	Arbeitskräfte	wenig Arbeitskräfte	Mechanisierung
wenig	Maschinen	viele moderne	
gering – mittel	Ernteertrag	groß	Intensivierung
vielseitig	Bodennutzung	einseitig	

Folgen und Auswirkungen des Strukturwandels in der Landwirtschaft
(Schülerbuch S. 56)

Lehrplanaussage
LZ 8.5 Boden Ph/Ch/B 8.1
8.5.1 Boden als Ernährungsgrundlage – AI 8.1
– Folgen und Auswirkungen des Strukturwandels

Unterrichtsverlauf
Einstieg
- Anknüpfung an die Vorstunde: „Wandel in der Landwirtschaft seit 1950"
- Schüler berichten

Zielangabe: Folgen und Auswirkungen des Strukturwandels in der Landwirtschaft

Erarbeitung
- Text Schülerbuch S. 56
- Gruppenarbeit arbeitsteilig:
  – 1. Gruppe: Naturschützer – Grafik 56.1

  – 2. Gruppe: Landwirt – Grafik 56.2
  – 3. Gruppe: Politiker – Grafik 56.3
  – Stillarbeit – Gruppenarbeit – AA 1
  – Partnerarbeit in der Gruppe
  – Arbeitsvereinigungsphase:
  – Gruppen stellen ihre Ergebnisse vor
  – Klassenverband bestätigt, korrigiert, ergänzt die Ergebnisse
  – Erkenntnisse an Tafel (siehe Tafelbild)
Gesamtwiederholung: mündlich anhand der Tafelstichpunkte

Vertiefung
AA 2, 3 – Diskussion

Ausweitung
- Gefahr der modernen Landwirtschaft
- Unterrichtsgespräch
- Erkenntnis an Tafel

Sicherung
- Hefteintrag des Tafelbildes

Tafelbild

Folgen und Auswirkungen des Strukturwandels in der Landwirtschaft

– Umweltschützer / Naturschützer:
- Verantwortungsloser Umgang mit Boden → Zerstörung der Lebensgrundlage
- Schwere Maschinen → Bodenverdichtung → Abtragung fruchtbaren Bodens durch Regenfälle
- Chemische Mittel   → Bodenzerstörung
      → Grundwasser-, Trinkwasserbelastung
      → Nahrungsmittelbelastung

– Bauer:
- immer weniger Bauern
- immer mehr Menschen
- immer weniger landwirtschaftliche Nutzfläche
- Nahrungsmittel sollen   → stets besser
      → stets billiger ⟩ sein

FOLGE: Nur möglich mit   → größeren Bauernhöfen
      → Einsatz von Technik
      → Einsatz chemischer Hilfsmittel

– Politiker:
Moderne Landwirtschaft unverzichtbar zur
- Sicherstellung der Nahrungsmittelproduktion
- Unabhängigkeit gegenüber Einfuhr aus anderen Ländern
- Landschaftserhaltung

Die nachhaltige, ökologische Landwirtschaft
(Schülerbuch S. 57/58)

Lehrplanaussagen
LZ 8.5 Boden – Ph/Ch/B 8.1
8.5.1 Boden als Ernährungsgrundlage – Al 8.1
– Perspektiven einer nachhaltigen Landwirtschaft, ökologischer Landbau, Landschaftspflege, Konsequenzen für den Verbraucher – KR 8.5.3, EvR 8.1.3, HSB 8.1

Unterrichtsverlauf
Hinführung/Einstieg
● Stummer Impuls: Bilder Schülerbuch S. 57
  Abb.: 57.1 Verkaufsstand eines Ökobauern
  Abb.: 57.2 Manuelle Ernte von Radieschen

Problemerarbeitung
● Aufkleber: Ökologischer Landbau, Spontanäußerungen
● Problemfindung = Verbalisierung einer Problemfrage: Was bedeutet ökologischer Landbau? (TA)
● Hypothesenbildung: Fixierung der unreflektierten Hypothesen auf Folie durch den Lehrer

1. Teilziel: Merkmale des ökologischen Landbaus
● Text Schülerbuch S. 57 – AA 1 und 2

– Stilles Erlesen
– Analyse des Textgehaltes im Partnergespräch
– Unterrichtsgespräch - Erkenntnisgewinnung, Überprüfung, Korrektur, Ergänzung der Ergebnisse der Stillarbeit
1. Teilwiederholung: mündlich

2. Teilziel: Probleme des Ökobauern
● Text Schülerbuch S. 57 – AA 3
● Methodisches Vorgehen siehe Teilziel 1
2. Teilwiederholung: mündlich
Gesamtwiederholung = Verifizierung bzw. Falsifizierung der Hypothesen mündlich anhand der Tafelstichpunkte

Ausweitung/Vertiefung
Ökobauer – Verbraucher
● Text Schülerbuch S. 58
● Grafiken Schülerbuch S. 58
  Abb.: 58.1, 58.2, 58.3, 58.4 und 58.5
  Ergebnisse an Tafel (siehe Tafelbild)

Sicherung
Hefteintrag des Tafelbildes

Langzeitaufgabe/Projektvorschlag
Schülerbuch S. 58, AA 3, 4

Tafelbild

Ökologische Landwirtschaft – was ist das?

– Merkmale der ökologischen Landwirtschaft:
● umweltgerechte Erzeugung gesunder, hochwertiger Lebensmittel
● Kreislauf: Boden – Pflanze – Tier – Mensch
● Ablehnung der Gentechnik
● kein Kunstdünger - keine Grundwasserbelastung
  → dafür: Stallmist, Gründünger
● Fruchtwechsel – Vermeidung von – Pflanzenkrankheiten – Auslaugung des Bodens
● keine Pflanzenschutzmittel
  → dafür: natürliche Schädlingsbekämpfung – Vogel, Maikäfer
● keine Unkrautspritzmittel
  → dafür: Hacke, spezielle Maschinen
● keine Wachstumshormone in der Viehzucht
  → dafür: – artgerechte Stallhaltung – bessere Fleischqualität
      – schonende Schlachtung
● begrenzte Anzahl von Tieren – weniger Grundwasserbelastung – Gülle

– Probleme des Ökobauern:
● kaum Spezialisierung
● Fruchtwechsel – mehr Arbeit
● niedrige Hektarerträge (Verzicht auf Spritzmittel Kunstdünger) 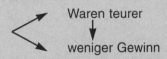 Waren teurer
      weniger Gewinn

– Folgen für den Verbraucher:
● Waren teurer – aber: gesünder, natürlicher
● Waren nicht überall erhältlich
● Einkaufsmöglichkeiten: → Biobauer direkt
      → Reformhaus
      → Naturkostläden, Wochenmärkte

Der Boden als Nutzfläche
Warum nehmen Siedlungs- und Nutzfläche ständig zu?
(Schülerbuch S. 59)

Lehrplanaussagen
LZ 8.5 Boden
Ek 8.5.2 Boden als Nutzfläche

1. UZE: Warum nehmen Siedlungsfläche und
   Verkehrsfläche ständig zu?
⇒Unterrichtsvorbereitung mit Tafelbild
2. UZE: Welche Folgen haben versiegelte Flächen auf den
   Wasserhaushalt?
⇒Arbeitshilfe 20
3. UZE: Welche Baumaßnahmen schonen den Boden?
⇒Arbeitshilfe 21
4. UZE: Wie kann man den Boden umweltverträglich nut-
   zen?
⇒Arbeitshilfe 22

Unterrichtsverlauf der 1. UZE

Problemstellung
● Buch S. 59: Abb. 59.1 und 59.2 (Beispiele für
  Flächenversiegelung) + Impuls: „Früher war das hier
  Ackerland", freie Schüleräußerungen

Zielangabe: Warum nehmen Siedlungs- und Verkehrsfläche
  ständig zu? (TA)

Problemerarbeitung
1. Teilziel: Bodenverbrauch durch Baumaßnahmen
● Abb. 59.1, 59.2 + 59.3 (Inserate), AA 1–3, Gruppenarbeit
● Sammeln der Ergebnisse, Tafelanschrift (exemplarisch),
  Zusammenfassung

2. Teilziel: Entwicklung des Flächenverbrauchs in Deutsch-
land
● Text, S. 59 und Abb. 59.4, AA 4 + 5, Partnerarbeit
● Differenzierung: AA 6, Einzelarbeit
● Sammeln der Ergebnisse, Tafelanschrift, Zusammen-
  fassung

Problembewertung
● Abb. 59.5, AA 7, Berechnen der Anteile in km^2: Vergleich
  der Entwicklung des Flächenverbrauchs mit der
  Flächennutzung (1994) in der Bundesrepublik
  Deutschland hinsichtlich der Konsequenzen für
  Landschaft und Mensch (Lebensstandard/Lebensqualität)

Hausaufgabe
● AA 3, Baumaßnahmen in der Heimatgemeinde erfor-
  schen, systematisch erfassen und ordnen nach Siedlungs-,
  Verkehrs-, Gewerbeflächen etc. (handlungs- oder projekt-
  orientierte Bearbeitung möglich, evtl. arbeitsteilig organi-
  sieren, Ergebnisse dokumentieren)

Tafelbild

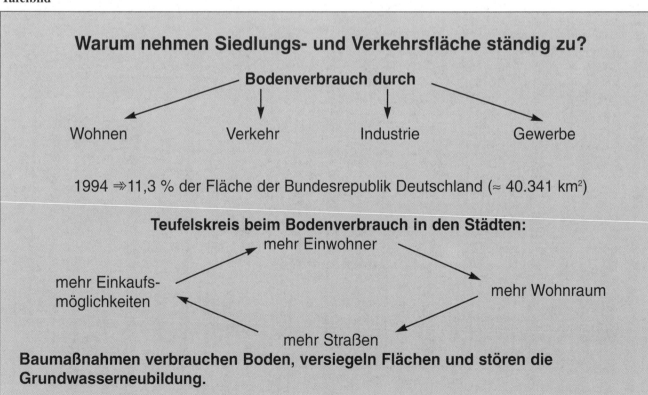

Name:_____ Klasse:_____ Blatt:_____

Boden als Nutzfläche

Befestigte
Fläche

Unbefestigte
Fläche

_____   _____

_____   _____

_____   _____

1. Beschrifte die beiden **Abbildungen** mit Hilfe der folgenden Begriffe:

- große Grundwasserneubildung
- geringer Oberflächenabfluss
- große Pflanzen- und Bodenverdunstung

- geringe Bodenverdunstung
- geringe Grundwasserneubildung
- großer und rascher Oberflächenabfluss

2. Befestigte Flächen haben auch **Vorteile** und unbefestigte Flächen **Nachteile.** Erkläre kurz.

a) Vorteile befestigte Fläche:

b) Nachteile unbefestigte Fläche:

3. Welche **Folgen** für den Naturraum durch den ungebremsten Bodenverbrauch hast du kennen gelernt?

Name:_____ Klasse:_____ Blatt:_____

Boden als Nutzfläche

a) Regen — Sand — Kies — durchlässiger Untergrund — **Flächenversickerung**

b) **Flächenversickerung**

Muldenversickerung — Sand

Rohr-Rigolenversickerung — Sand — Pflaster oder Asphalt

Schachtversickerung — Kies

Flächen- und Muldenversickerung — durchlässiger Untergrund

Kombination von Regenwassernutzung und Versickerung — Brauchwasser — Überlauf

1. Du sollst als Sachverständiger der Baubehörde in einem Beratungsgespräch einem Bauherrn die **Notwendigkeit** einer **umweltverträglichen Bodennutzung** erklären. Wähle dazu **eine Baumaßnahme** deiner Wahl aus der Abbildung oben aus und stelle ihre **Vorteile** heraus.

_____

_____

_____

_____

_____

_____

_____

_____

2. Ein Beispiel aus der Abbildung oben sieht neben der Regenwasserversickerung auch eine **Regenwassernutzung** (Brauchwasser) vor.

a) Welche Vorteile kannst du erkennen?   b) Wofür kann man Regenwasser nutzen? Nenne 3 Beispiele.

a)	b)

Name:_____ Klasse:_____ Blatt:_____

Boden als Nutzfläche

1. Erkläre anhand der nebenstehenden Grafik, warum **Flächenversiegelung** auch mit der heutigen Lebensweise der Menschen verknüpft ist.

früher

heute

| Wohnen | Arbeiten | Versorgen |

_____

_____

_____

_____

_____

_____

_____

_____

_____

_____

2. Kreuze an, welche der beschriebenen **Baumaßnahmen bodenschonend** sind *(insg. 4)*.

1. Familie Müller baut das Dachgeschoss aus und verzichtet auf einen Anbau.

2. Bei der Hausrenovierung verzichtet Herr Franz auf den Bau einer Versickerungsanlage. ☐

3. Frau Zettel überzeugt ihren Mann die Einfahrt mit Kies zu befestigen. ☐

4. Die Stadt Neudorf beschließt den Ausbau der Zufahrtsstraße zum Gewerbepark West. ☐

5. Familie Günter lässt ihre Garageneinfahrt teeren. ☐

6. Die Gemeinde Neudorf beschließt die bevorzugte Bebauung von bestehenden Baulücken. ☐

7. Die Bürgerinitiative fordert die Verkürzung der Zeittakte für Buslinien. ☐

8. Frau Bartenwerg klagt gegen die Einführung einer getrennten Abwassergebühr. ☐

3. Begründe deine Entscheidung zu den Beispielen 1, 3, 5 und 7 bei Aufgabe 2.

_____

_____

_____

_____

_____

Lösungsvorschläge
Jetzt bin ich fit
(Schülerbuch S. 63)

Landwirtschaft gestern – heute

1. Unterscheide die Begriffe „Vollerwerbsbetrieb" und „Nebenerwerbsbetrieb".
Vollerwerbsbetrieb: Landwirt arbeitet ausschließlich auf seinem Hof
Nebenerwerbsbetrieb: Landwirt arbeitet nach Feierabend oder halbtags auf seinem Hof, ist aber hauptsächlich z. B. bei einer Autofirma beschäftigt

2. Nenne Ziele und Folgen der Flurbereinigung.
Flurbereinigung: größere Flächen durch Zusammenlegung kleiner Flächen – dadurch: kürzere Wege für den Landwirt – spart Zeit, Kraftstoff, Geld, – Einsatz größerer Maschinen möglich – kostengünstigere Produktion

3. Merkmale der modernen Landwirtschaft sind: Spezialisierung, Mechanisierung und Intensivierung. Erkläre diese Begriffe.
Spezialisierung: Bauer beschränkt sich auf ein Produkt z. B. Getreide, Milchwirtschaft, Mastvieh …
Mechanisierung: Einsatz von Technik, Maschinen in der Landwirtschaft z. B. Mähdrescher, computergesteuerte Melk- Fütter- Mistanlagen …
Intensivierung: Ziel ist die Steigerung der Erträge durch Einsatz von chemischen Pflanzenschutz- oder -wachstumsmitteln.

4. „Chemie und Technik" in der modernen Landwirtschaft: Wie stehen a) Bauern, b) die Naturschützer und c) die Verbraucher zu diesen Schlagwörtern?
a) Landwirt: Ohne nicht mehr möglich – weil: immer mehr Menschen sollen von immer weniger Bauern immer noch kostengünstiger versorgt werden.
b) Naturschützer: Belastung der Natur, Zerstörung wichtiger Naturkreisläufe, Zerstörung der Lebensgrundlage
c) Verbraucher: Will zwar gesunde Nahrung, doch sollte diese auch billig (nicht preiswert) sein.

Nachhaltiger, ökologischer Landbau

5. Beschreibe, wie Ökobauern a) artgerechte Tierhaltung und -aufzucht, b) natürliche Bodenbearbeitung und c) natürliche Schädlingsbekämpfung betreiben.
Artgerechte Tierhaltung: Keine Gentechnik, keine Wachstumshormone oder Mastmittel, artgerechte Stallhaltung mit ausreichend großen Boxen und Strohliegeflächen – begrenzte Anzahl von Tieren, dadurch nur so viel Gülle, wie verarbeitet werden kann; schonende, stressfreie Schlachtung auf dem Hof – besseres Fleisch;
natürliche Bodenbearbeitung: kein Kunstdünger – nur Gründünger oder Mist – Vermeidung von Grundwasserbelastung
Fruchtwechsel – kein einseitiges Auslaugen des Bodens

Natürliche Schädlingsbekämpfung: keine Spritzmittel – dafür: natürliche Schädlingsbekämpfung (Vögel, Maikäfer) und Beseitigung der Schädlinge mechanisch durch Abklauben per Hand oder mit Hacken und Maschinen

6. Welche Probleme bringt der ökologische Landbau mit sich?
Probleme des ökologischen Landbaus:
Gesunde Produkte – aber: teuer und optisch nicht so ansprechend
Ökobauer kann nur schwer von seinen Erzeugnissen und dem Verkauf dieser Produkte leben, weil Bevölkerung noch nicht auf diese Erzeugung eingestellt ist
Problem: Kann die Menschheit nur durch den ökologischen Anbau ernährt werden?

Nahrungsmittel aus ökologischem Landbau

7. Wie erkennt man Nahrungsmittel aus ökologischem Anbau?
Arbeitsgemeinschaften des ökologischen Landbaus haben jeweils ein Logo: Bioland, Demeter, ANOG Bio-Kreis, Naturland, Ökosiegel, ECO VIN, Gäa

8. Welche Vorteile/Nachteile haben diese Nahrungsmittel für den Verbraucher? Zähle sie auf.
Vorteile: Bessere Qualität, da: weniger chemische Zusätze, ohne Chemie produziert, artgerechte Aufzucht und schonende Schlachtung – besseres Fleisch
Nachteile: Preis

9. Wo erhält man ökologisch angebaute Nahrungsmittel?
Biobauer direkt, Stand auf Wochenmarkt, Naturkostladen, Reformhaus, gelegentlich Abteilung in Supermarkt, Drogerie

Bodenverbrauch und Flächenversiegelung

10. Erkläre die Begriffe: a) Kulturraum, b) Naturraum, c) Flächenverbrauch, d) Flächenversiegelung
a) Kulturraum = vom Menschen im Zuge der Besiedelung umgestalteter Raum (durch Wohnungen und Häuser, Verkehrswege, Industrie etc.)
b) Naturraum = naturbelassener Raum, bei dem menschliche Eingriffe ganz oder weitgehend ausgeschlossen sind
c) Flächenverbrauch = Bebauung von Grundstücken, Äckern, Waldflächen, etc.
d) Flächenversiegelung = Folge der Bebauung mit Auswirkungen auf den Boden und die Natur

11. Wie haben sich Siedlungs- und Verkehrsfläche in Deutschland seit 1955 entwickelt?

Der Anteil der Siedlungs- und Verkehrsfläche ist seit 1955 von knapp 2 Millionen Hektar (ca. 5 %) auf knapp 3,5 Millionen (12 %) angestiegen (altes Bundesgebiet).

Folgen und Auswirkungen der Flächenversiegelung

12. Wie wirken sich geteerte Flächen auf den Wasserhaushalt aus?

Geteerte Flächen lassen große Wassermengen rasch abfließen (meist in die Kanalisation). Die Bodenverdunstung ist dabei äußerst gering, weil das Wasser nicht durch den Teer dringen kann und Pflanzenbewuchs fehlt. Auch die Grundwasserneubildung wird praktisch verhindert.

13. Welche Folgen für die Umwelt kann dies haben?

Durch den raschen Wasserabfluss geteerter Flächen werden Kanalisation und Kläranlagen extrem belastet. Außerdem werden dadurch die Gewässer in ihrem Gleichgewicht empfindlich gestört, weil durch die Einleitung der Wassermassen Pflanzen und Kleintiere an den Ufern oftmals weggespült werden.

Umweltverträgliche Bodennutzung

14. „Rasengittersteine sind aktiver Bodenschutz!" Nimm zu dieser Aussage Stellung.

Rasengittersteine bremsen den Oberflächenabfluss des Regenwassers und erlauben eine große Verdunstung, weil Boden und Pflanzen Wasser aufnehmen und langsam wieder abgeben können. Darüber hinaus behindern sie nicht die Grundwasserneubildung, da sie Flächen nicht versiegeln.

15. Abb. 63.1 zeigt ein Modell, wie die Stadtentwicklung der Zukunft aussehen könnte:
a) Warum wird der Boden hier umweltverträglich genutzt?
b) Zähle weitere Maßnahmen einer umweltverträglichen Bodennutzung auf.

a) Die Wege sind fußgängerfreundlich angelegt (max. Distanz = 300 m), man kann auf KFZ verzichten. Auch die Nahverkehrssysteme (hier S-/U-Bahn bzw. Straßenbahn) sind zentral innerhalb der Quartiersviertel. Jeder Bürger kann relativ schnell Stadtteilzentren (Behörden, Geschäfte, Kinos, Restaurants, Cafés, Arbeitsstätten etc.) mit dem öffentlichen Nahverkehr erreichen. Außerdem befinden sich dort Kreuzungspunkte verschiedener Nahverkehrslinien. Die Quartiersviertel weisen bodenfreundliche Grünflächen auf und schaffen ein freundliches Wohnklima. (o. Ä.)

b) – Bau von Versickerungsanlagen
– Ausnutzung von Baulücken in bestehenden Wohn- oder Gewerbegebieten hat Vorrang vor der Ausweisung von Neubaugebieten
– Stadterneuerung vor Stadterweiterung, um eine weitere Zerschneidung von Naturräumen zu vermeiden
– Umweltverträgliche Renovierung alter Bausubstanz vor Neubau, dabei Durchführung von Entsiegelungsmaßnahmen (wo möglich)
– Begrünung des Stadtplatzes und Erhaltung des Grüngürtels zur Klimaverbesserung
– Entwicklung von Stadtteilzentren („Stadt der kurzen Wege")
– Ausweitung und Verbesserung des öffentlichen Nahverkehrs (neue Linien/Haltestellen, kürzere Zeittakte)
– Einführung einer getrennten Abwassergebühr als Anreiz zum Bau von Versickerungsanlagen (Unterstützung des natürlichen Wasserkreislaufes)
– Änderungen des Baurechts (Geringhaltung zusätzlicher Bodenversiegelung) …

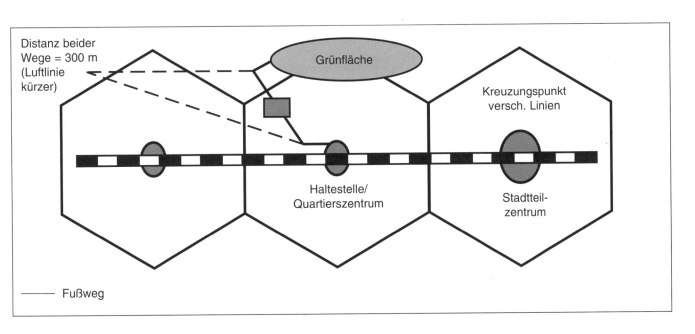

Distanz beider Wege = 300 m (Luftlinie kürzer)

Grünfläche

Kreuzungspunkt versch. Linien

Haltestelle/ Quartierszentrum

Stadtteil- zentrum

——— Fußweg

6. Die Weimarer Republik
Die Revolution 1918/1919
(Schülerbuch S. 64)

Lehrplanaussagen
LZ. 8.6 Die Weimarer Republik
8.6.1 Ausgangsbedingungen und Grundlagen
- die Revolution 1918/1919: Ursachen, Ziele, Verlauf

Unterrichtsverlauf
Problemstellung
- Stummer Impuls: Revolution 1918
- Zusätzlich: Bildimpuls: Abb. 64.1
- SS antizipieren Ursachen der Revolution: „Wir wollen uns genauer informieren"

Zielangabe: Wie verlief der Weg zur Revolution 1918?

Problemerarbeitung
1. Teilziel: die Situation der am Krieg beteiligten Personen unmittelbar vor Ausbruch der Revolution wissen
- Einstiegstext: Schülerbuch S. 64, AA 1 - 3
- Zusätzlicher Impuls: Du weißt jetzt mehr zur Beantwortung unserer Fragestellung.
- SS: Auswertung im Unterrichtsgespräch, Tafelanschrift

2. Teilziel: die wesentlichen Reformforderungen der Kriegsgegner einerseits und die verweigernde Haltung bestimmter Kreise in Deutschland andererseits kennen und bewerten
- Weiterer Impuls: Trotzdem wissen wir immer noch nicht genau, in welchen Schritten letztendlich die Revolution

ganz Deutschland ergriffen hat.
- Lesen der Texte, Schülerbuch, S. 64: „Der Weg zur Revolution" und „Eine Provisorische Regierung"
- AA 4 in Partnerarbeit - Auswertung der Frage im Unterrichtsgespräch
- Provozierender Impuls: Es ist doch verständlich, dass der Kaiser nicht einfach von sich aus abdanken wollte.
- SS verbalisieren Sinnlosigkeit der nochmaligen Kriegsaufnahme und begründen die Richtigkeit der Forderung nach der Abdankung des Kaisers
- Auswertung im Unterrichtsgespräch; Zusammenfassung; Tafelanschrift

3. Teilziel: den Begriff „vorübergehende" Regierung verstehen
- Impuls: Deutschland hatte eine Regierung, aber nur ein Provisorium, vergleichbar mit dem beim Zahnarzt.
- SS versuchen den Charakter der provisorischen Regierung zu deuten: noch keine „ordentlichen" Wahlen, ...

Vertiefung
- Bildimpuls: Abb. 64.2
- SS versuchen Begriff Arbeiter- und Soldatenräte zu erklären
- Impuls: Die Revolution war mitten im Gange, aber eins war noch offen - SS verbalisieren, dass das Aussehen des neuen Staates noch offen war.

Medien
FWU 42 43345 - Die Weimarer Republik 1918-1925

Tafelbild

Wie verlief der Weg zur Revolution 1918?

Ausgangssituation Ende 1918:
Allgemeines Bewusstsein über aussichtslose Lage im Kriegsgeschehen

Der Weg zur Revolution

Auf der einen Seite
- Waffenstillstandsverhandlungen mit den Aliierten
- 12 Punkte Programm von Wilson

Zentrale Forderungen

Auf der anderen Seite
- Gegner des Waffenstillstandes in der deutschen Heeresleitung
- Weigerung des Kaisers, abzudanken

Abdankung des Kaisers   demokratische Reformen

Unmittelbarer Anlass:
Beschluss der deutschen Heeresleitung zur nochmaligen Aussendung der Flotte

9.11.1918 Soldaten und Hafenarbeiter in Wilhelmshaven versagen den Gehorsam

Ausdehnung der Revolution auf ganz Deutschland

Die Revolution 1918 war der Beginn eines Demokratisierungsprozesses, dessen Ergebnis im Jahre 1918 noch offen war.

Deutschland auf dem Weg zur Republik
(Schülerbuch S. 65)

Lehrplanaussagen
LZ. 8.6 Die Weimarer Republik
8.6.1 Ausgangsbedingungen und Grundlagen
– die Revolution 1918/1919: Ursachen, Ziele, Verlauf

Unterrichtsverlauf
Problemstellung:
- Impuls: Das Ergebnis der Revolution 1918 war noch offen – Anknüpfen an die vorhergehende Stunde
- SS wiederholen kurz den Weg zur Revolution
- Zusätzlich: Schülerbuch S. 65, Bildimpuls: Abb 64.1 Überleitung zur Zielangabe

Vorläufige Zielangabe: Der Weg Deutschlands zur Republik

Problemerarbeitung
1. Teilziel: die unterschiedlich-rivalisierenden politischen und gesellschaftlichen Zielvorstellungen für die neue Staatsform 1918 kennen
- Einstiegstext: Schülerbuch S. 65, AA 2
- Provozierender Impuls: Es ist doch unmöglich, dass Max von Baden so eigenmächtig handelte
- SS stellen Notwendigkeit der Handlung von Badens heraus, um das politische Chaos etwas zu ordnen
- AA 1 in Partnerarbeit; Auswertung im Unterrichtsgespräch; Tafelanschrift: Schritte zur Erfüllung der Forderungen
- Impuls: Karl Liebknecht und Philipp Scheidemann bilde-

ten zwar eine provisorische Regierung, aber ihre Vorstellungen gingen trotzdem auseinander
- SS erklären unterschiedliche Vorstellungen von MSPD und Spartakusbund
- Hilfsmedium für die Arbeit der Schüler: Schülerbuch S. 65, Abb. 65.2 (Parlamentarische Republik in Gegenüberstellung zur Räterepublik), AA 4
- Zusammenfassung im Tafelbild
- Impuls: Es gab noch andere Vorstellungen: Text, Schülerbuch S. 65: Wie soll die neue Republik aussehen? AA3
  – Auswertung im Unterrichtsgespräch

2. Teilziel: das Ziel des Spartakusaufstandes und die Mittel der Beendigung des Aufstandes bewerten
- Impuls: Der Spartakusbund rückte keinen Millimeter von seinen Forderungen ab.
- SS antizipieren, dass es zu einer Auseinandersetzung kommen musste

Ausweitung
- Lesen des Textes: Schülerbuch S. 65 (Spartakusaufstand)
- Impuls: Die Reichswehr hätte nie so hart eingreifen dürfen
- SS verbalisieren das Problem: Einerseits den Weg der demokratischen Republik zu retten, anderseits das nicht zu rechtfertigende Vorgehen gegen Liebknecht und Luxemburg (Ermordung) - Diskussion
- Ergänzung der Überschrift: „blutige" Weg
- Diskussion über andere Möglichkeiten, die es gegeben hätte; Zusammenfassung im Tafelbild: Die Demokratie kann nur mit … bewahrt werden

Tafelbild

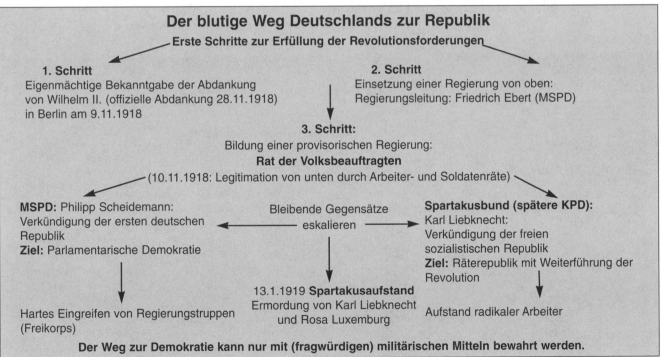

Die Revolution in Bayern
(Schülerbuch S. 66)

Lehrplanaussagen
LZ. 8.6 Die Weimarer Republik
8.6.1 Ausgangsbedigungen und Grundlagen
– die Revolution 1918/1919 in Bayern: Personen und Phasen

Unterrichtsverlauf
Problemstellung
- Impuls: Wie du auf der Karte auf Seite 64 (Abb 64.2) gesehen hast, hat die Revolution auch Bayern ergriffen
- SS nennen aufgrund der Karte nochmals Städte, in denen die Aufstände hauptsächlich stattgefunden haben

Zielangabe: Verlauf und Ergebnisse der Revolution in Bayern (TA)

Problemerarbeitung
1. Teilziel: die Gleichheit der Ausgangssituation in Bayern und Gesamtdeutschland nach dem Krieg erkennen
- Einstiegstexte: Schülerbuch S. 66, AA 1
- Auswertung der Frage im Unterrichtsgespräch, Festhalten in Tafelanschrift

2. Teilziel: die zwei unterschiedlichen Staatsmodelle von USPD und MSPD in Bayern wissen
- Impuls: In Bayern gab es auch zwei Modelle des neuen Staates.
- SS nennen USPD und MSPD als konkurrierende Parteien

mit unterschiedlichen Auffassungen aufgrund ihres Vorwissens von den vorausgegangenen Stunden, Festhalten im Tafelbild
- Impuls: In Bayern wollte man die provisorische Regierung möglichst bald demokratisch absichern.
- SS führen Wahlen als eine Möglichkeit an

3. Teilziel: die ersten Wahlen in Bayern mit ihren Folgen analysieren können
- Bildimpuls: Schülerbuch S. 66, Abb. 66.2
- SS stellen Vermutungen an, dass es auch in Bayern zu bürgerkriegsähnlichen Zuständen kam wie im Spartakusaufstand
- Textarbeit, Schülerbuch S. 66 (Das Ringen...); AA 4 in Gruppenarbeit
- Im Unterrichtsgespräch Analyse des Wahlergebnisses; Festhalten der Ergebnisse im Tafelbild

Ausweitung
- Stummer Impuls: Die Republik konnte nur blutig gerettet werden
- SS nehmen Stellung zu dieser Aussage: nochmalige Anführung der Ermordung Kurt Eisners und blutige Niederschlagung des Aufstandes am 7.4.1919 werden als Gründe für die These angeführt
- Zusätzlicher Impuls: Auch heute wird demonstriert: Stell dir vor, es gäbe auch 1000 Tote!
- SS verbalisieren besondere Umstände von damals und benennen Unterschiede zu heutigen Demonstrationen
- Zusammenfassung im Tafelbild: Schlusssatz

Tafelbild

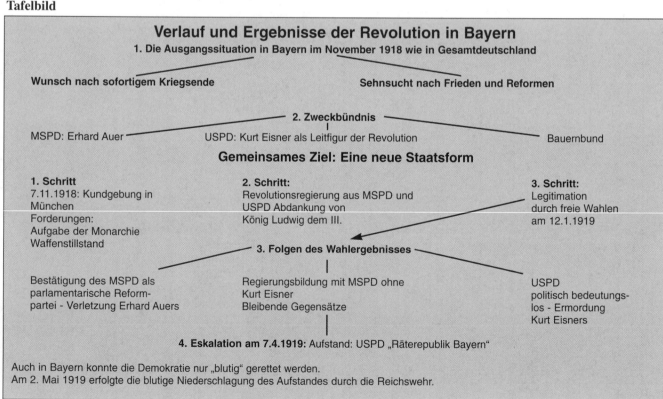

Verlauf und Ergebnisse der Revolution in Bayern
1. Die Ausgangssituation in Bayern im November 1918 wie in Gesamtdeutschland

Wunsch nach sofortigem Kriegsende   Sehnsucht nach Frieden und Reformen

2. Zweckbündnis
MSPD: Erhard Auer — USPD: Kurt Eisner als Leitfigur der Revolution — Bauernbund
Gemeinsames Ziel: Eine neue Staatsform

1. Schritt
7.11.1918: Kundgebung in München
Forderungen:
Aufgabe der Monarchie
Waffenstillstand

2. Schritt:
Revolutionsregierung aus MSPD und USPD Abdankung von König Ludwig dem III.

3. Schritt:
Legitimation durch freie Wahlen am 12.1.1919

3. Folgen des Wahlergebnisses

Bestätigung des MSPD als parlamentarische Reformpartei - Verletzung Erhard Auers

Regierungsbildung mit MSPD ohne Kurt Eisner
Bleibende Gegensätze

USPD politisch bedeutungslos - Ermordung Kurt Eisners

4. Eskalation am 7.4.1919: Aufstand: USPD „Räterepublik Bayern"

Auch in Bayern konnte die Demokratie nur „blutig" gerettet werden.
Am 2. Mai 1919 erfolgte die blutige Niederschlagung des Aufstandes durch die Reichswehr.

Parteien in der Weimarer Republik - Inhalte der Weimarer Verfassung
(Schülerbuch S. 67/68)

Lehrplanaussagen
LZ. 8.6 Die Weimarer Republik
8.6.1 Ausgangsbedingungen und Grundlagen
– die Weimarer Verfassung 1919

Unterrichtsverlauf
Problemstellung
1. Teilziel: das Wahlergebnis von 1919 bezüglich der verschiedenen Zielvorstellungen über die neue Staatsform deuten können

- Impuls: Bis Ende 1918 war die Regierung in Deutschland noch „provisorisch". Das sollte natürlich kein Dauerzustand sein.
  SS nennen Wahlen als Mittel, um eine Regierung zu legitimieren.
- Impuls: Am 19.1.1919 fanden diese Wahlen statt.
  Textarbeit: Schülerbuch S. 67: Parteien in der Weimarer Republik und Ergebnisse der Wahlen; AA 1 und 2 in Gruppenarbeit
- Zusammenfassung der Gruppenergebnisse im Unterrichtsgespräch: Festhalten im Tafelbild (Gewinner - Verlierer...)
- Impuls: Die Regierung war gewählt, aber es gab immer noch auf dem Papier die Verfassung von 1871

Vorläufige Zielangabe: Inhalte der Weimarer Verfassung

Problemerarbeitung
2. Teilziel: den Grundaufbau (Aufgaben – Grundrechte) der Weimarer Verfassung erkennen

- Textarbeit : Schülerbuch S. 67: Die erste demokratische Regierung und der Weg der Verfassung;
  AA 4 – Gruppenarbeit
- Zusammenfassung der Gruppenarbeit im Tafelbild

3. Teilziel: die einzelnen Elemente (Reichspräsident, Reichsrat …) mit ihren Vorzügen und Schwächen erkennen
- Impuls: Schülerbuch Abb. 68.1: Freie Aussprache zum Schaubild zur Weimarer Verfassung – SS können erste Vergleiche zur heutigen Verfassung ziehen:
  z. B. Unterschiedliche Begrifflichkeit: Reichs- bzw. Bundestag ...
- Systematische Analyse in arbeitsteiliger Gruppenarbeit:
  Gruppe 1: Schülerbuch S. 68, AA 1, 2, 3
  Gruppe 2: Schülerbuch S. 68, AA 4
  Gruppe 3: Schülerbuch S. 68, AA 6 (erster Teil; Bezug zur heutigen Verfassung als Hausaufgabe)
- Auswertung der Gruppenergebnisse im Unterrichtsgespräch
- Stummer Impuls: Drei Überbegriffe „Vorzüge der Verfassung – Schwächen der Verfassung – Gefahren" an die Tafel – Ergänzung der Zielangabe (Stärken und ....)

Vertiefung - Ausweitung
- SS ordnen ihre Ergebnisse unter die drei Überschriften ein und begründen ihre Einordnung; Tafelanschrift
- Provokation: Die Verfassung wird von Geschichtswissenschaftlern nicht als demokratisch sondern als Präsidialdemokratie bezeichnet
- SS begründen die Richtigkeit der Aussage; Tafelanschrift

Hausaufgabe
- Schülerbuch S. 67, AA 3, AA 5; S. 68 AA 5 und AA 7

Tafelbild

Stärken und Schwächen der Weimarer Verfassung

Voraussetzung für die erste demokratische Verfassung: Freie Wahlen am 19.1.1919

Gewinner: Befürworter der Demokratie

SPD DDP Zentrumspartei

Verlierer: Gegner/Skeptiker der Demokratie
Nationalistische Parteien   Linksextreme Parteien
DVP, DNVP, DAP   USPD, Spartakusbund

Die Weimarer Verfassung vom 31.07.1919

Aufgaben und Aufbau (Artikel 1 – 108)   Grundrechte und Grundpflichten (Artikel 109 – 164)

Bewertung

Vorzüge der Verfassung	**Schwächen der Verfassung**	**Gefahren**
• garantierte Grundrechte • Volkssouveränität: „Alle Staatsgewalt geht vom Volke aus": z. B. Wahl des RP • Volksbegehren und Volksentscheid beteiligen Wahlbürger an Gesetzgebung • freie, allgemeine, gleiche und geheime Wahlen • Einführung des Frauenwahlrechtes • Aufwertung des Reichtages	• Machtfülle des Reichspräsidenten durch: a) Artikel 46: Ernennung und Entlassungsrecht b) Artikel 47: Oberbefehlsgewalt c) Artikel 48: Notverordnungsrecht	Möglichkeit zur Präsidialdiktatur
Gesetzgebung Misstrauensvotum • Gewaltenteilung – Regierungskontrolle • Parteienvielfalt (Recht auf Opposition)	• Fehlen einer Fünf-Prozent-Klausel • Keine Verankerung der Parteien in der Verfassung • Kaum Einflussmöglichkeit des Reichsrates	Parteienzersplitterung keine echten Träger von Souveränität finanzielle Abhängigkeit vom Reich

Auf Grund der starken Stellung des Reichspräsidenten wird die Weimarer Republik auch als Präsidialdemokratie bezeichnet.

Der Friedensvertrag von Versailles
(Schülerbuch S. 69/70)

Lehrplanaussagen
LZ. 8.6 Die Weimarer Republik
8.6.1 Ausgangsbedingungen und Grundlagen
- Vertrag von Versailles 1919

Unterrichtsverlauf
Problemstellung
- Bildimpuls: Schülerbuch S. 69, Abb. 69.1: Was wir verlieren sollen; AA 5
- Zusätzlicher Impuls: Wie ihr seht, waren nicht alle vom Versailler Vertrag 1919 begeistert
- SS verbalisieren in einem ersten freien Gespräch ihr bereits vorhandenes Wissen und stellen Antizipationen an

Zielangabe: Inhalte des Versailler Vertrages (26. 6. 1919) (TA)

Problemerarbeitung
1. Teilziel: Ausmaße des 1. Weltkrieges erkennen und Sehnsucht der Bevölkerung nach Frieden einsehen
- Text 1 Schülerbuch S. 69, AA 1 - L stellt Zusatzinformation (ca. 80 Millionen Menschen in Deutschland) zur Verfügung
- SS verbalisieren angesichts der erschreckenden Zahlen Notwendigkeit eines Friedens

2. Teilziel: Rahmenbedingungen der Pariser Konferenz und die wesentlichen Bestimmungen des Versailler Vertrags erkennen

- Erarbeitung der Bestimmungen in arbeitsteiliger Gruppenarbeit; Grundlage für alle Gruppenarbeiten: Schülerbuch, S. 70, Abb. 70.1 über den Versailler Vertrag
- Gruppe 1: Schülerbuch S. 69, Text 2 (Verhandlungen ...) – 4 (Das Diktat der Sieger) - AA 2, 3 und 4
  Gruppe 2: Schülerbuch S. 70, AA 1 - 3
  Gruppe 3: Schülerbuch S. 70, Text: Reaktionen in Deutschland, AA 5
- Auswertung der Gruppenergebnisse im Unterrichtsgespräch
- Stummer Impuls. Vier Überschriften „Geographische Veränderungen - Reparationsverpflichtungen - Militärische Einschränkungen - Vereinbarungen, dic Dcutschland isolieren" an die Tafel
- SS der Gruppe 2 und 3 ordnen ihre Antworten in die jeweilige Überschrift im Tafelbild ein.
  Bevor Gruppe 3 die Reaktionen auf den Vertrag vorträgt, sollen die SS der anderen Gruppen die Reaktionen der einzelnen Parteien antizipieren - Festhalten der Reaktionen im Tafelbild

Sicherung
Eintrag des Tafelbildes ins Heft

Ausweitung
- Ausblick: Impuls: Schülerbuch S. 70 AA 4; Welche Vertragsinhalte waren vermutlich Ursachen späterer Konflikte? - SS antizipieren

Medien
FWU Nr. 42 10319 - Der Vertrag von Versailles und die Folgen für Deutschland

Tafelbild

Inhalte des Friedensvertrages von Versailles (28.6.1919)

Geographische Veränderungen	Reparationsverpflichtungen	Militärische Einschränkungen	Vereinbarungen, die Deutschland isolieren
• z. B. Elsass Lothringen • Frankreich • Eupen Malmedy - Belgien • Nordschleswig - Dänemark • Danzig „Freie Stadt" • Westpreußen, Teile Schlesiens - Polen • Verzicht auf alle Kolonien	• Wiedergutmachungen (= Reparationen) aller Kriegsschäden und -folgen • Menge: ca. 269 Milliarden Goldmark in 42 Jahresraten	• Reduzierung des Berufsheeres: 100 000 Mann • Marine: Reduzierung auf 15 000 Mann • Verbot einer Luftwaffe • Verbot von U-Booten • Verbot schwerer Waffen • Entmilitarisierung des Rheinlandes	• Diktatfrieden: kein Mitspracherecht bei Vereinbarungen in Paris • Kriegsschuldparagraph 231 • Überwachungskommissionen

Reaktionen auf die Vereinbarungen des Friedensvertrages in Deutschland

„Unannehmbares Vertragswerk" Reichskanzler Scheidemann	„Zerstückelung Deutschlands" - nationale Schmach (DNVP)	Annahme, da keine andere Möglichkeit, stückweise Revision (Neuer Reichskanzler Bauer)

Belastungen der Republik nach Versailles
(Schülerbuch S. 71 – 73)

Lehrplanaussagen
LZ. 8.6 Die Weimarer Republik
8.6.2 Leistungen und Belastungen der Republik
– Erschütterungen des Nationalbewusstseins und
Verunsicherung großer Teile der Bevölkerung durch die
Niederlage im Ersten Weltkrieg, durch die Bestimmungen
des Versailler Vertrages und durch die Inflation

Unterrichtsverlauf
Problemstellung
- Bildimpuls: Schülerbuch S. 71, Abb. 71.1:
  Dolchstoßlegende
- Zusätzlicher Impuls: Eigentlich hatte man gemeint, nach
  den Wahlen, der Verfassung und dem Versailler Vertrag
  wäre nun endlich Ruhe im Lande.
  SS nehmen zum Inhalt der Abbildung Stellung und knüp-
  fen an die vorhergehende Stunde (S. 79, AA 4) an

Zielangabe: Welchen Belastungen war die Weimarer
Republik und ihre Regierung in den Jahren 1920 – 1923
ausgesetzt? (TA)

Problemerarbeitung
1. Teilziel: Erkennen und bewerten, wie der Versailler
Vertrag innenpolitisch gegen die Regierungsparteien ver-
wendet wurde
- Text 1 und 2 (Belastungen ... u. Dolchstoßlegende)
  Schülerbuch S. 71, AA 1 und 2 - Auswertung im
  Unterrichtsgespräch
- SS nennen begrifflich außenpolitische und innenpolitische
  Belastungen – L hält Begriffe im Tafelbild fest

- Impuls: Es gibt noch weitere Bedrohungen für die junge
  Demokratie. Sie erinnern an ihre Anfangszeit 1918
  Bildimpulse: Schülerbuch S. 72 Abb. 72.1, 72.2 und 73.1
- SS antizipieren ihre Vorerfahrungen zum Thema und
  nennen Aufstände von links und rechts sowie weitere
  Belastungen

2. Teilziel: Erkennen, dass die Weimarer Demokratie von
einer Vielzahl von Faktoren bedroht war
- Die Gefahren werden in Gruppenarbeit erarbeitet:
  Gruppe 1: Aufstände von links und rechts; Schülerbuch
  S. 71, Textarbeit und AA 4, 5 und 6
  Gruppe 2: Krisenjahr 1923, Schülerbuch S. 72, AA 1, 2
  und 4
  Gruppe 3: Inflation Textarbeit: Schülerbuch S. 72,
  Das Krisenjahr 1923 und S. 73
  Die Mark verliert an Wert; AA 1, 2, 3
- Zusätzlich kann jede Gruppe für ihr Thema Material und
  Bücher bekommen, um eine Collage zum jeweiligen
  Thema zu erstellen
- Auswertung der Gruppenergebnisse im Unterrichtsge-
  spräch – Festhalten im Tafelbild (Innenpolitische ....)

Ausweitung
- Stummer Impuls: Rolle der Reichswehr?
  SS verbalisieren einseitige und zwiespältige Rolle der
  Reichswehr
- Zusammenfassung: Rückwirkung der Bedrohungen auf
  die politische Stabilität

Medien
FWU Nr. 42 01781 - Geldentwertung und Ruhrbesetzung
1923

Tafelbild

**Welchen Belastungen war die Weimarer Republik und ihre
Regierung in den Jahren 1920 - 1923 ausgesetzt?**
↓

Außenpolitische Belastungen: Diktatfrieden
- Hohe Reparationszahlungen durch den Versailler Vertrag
- Isolation und Abhängigkeit Deutschlands
↓

**Rückwirkung:
Innenpolitische Belastungen 1920 – 1923:**
↓

1. Aufstände von Links
(1920/1923)
Kommunistische Aufstände
im Ruhrgebiet, Sachsen,
Thüringen

hartes
Eingreife
↑

**4. Rolle der Reichswehr
und der Justiz**

2. innerdemokratische - wirtschaftliche Belastungen
- Dolchstoßlegende: sprachliche Hetzkampagne gegen
  regierende Politiker: „Erfüllungspolitiker"
- Politische Prozesse
- Januar – September 1923 Ruhrbesetzung und
  Ruhrkampf
- Explosion der Inflation 1923 mit katastrophalen wirt-
  schaftlichen Auswirkungen für die Bevölkerung

**3. Aufstände -
Fememorde von rechts:**
März 1920: Kapp-Putsch
9.11.1923: Hitler-Putsch in
München
Fememorde:
Rathenau, Erzberger

weitgehende
Neutralität
↑

**4. Rolle der Reichswehr
und der Justiz**

Rückwirkung auf das Wählerverhalten: Radikalisierung

Leistungen der Weimarer Republik - Die Außenpolitik Stresemanns
(Schülerbuch S. 74/75)

Lehrplanaussagen
LZ. 8.6 Die Weimarer Republik
8.6.2 Leistungen und Belastungen der Republik
– innen- und außenpolitische Leistungen: z. B. Wirtschaftsaufschwung, Wohnungsbau, Frauenwahlrecht, Arbeitslosenversicherung, Locarno Vertrag, Aufnahme in den Völkerbund

Unterrichtsverlauf
Problemstellung
- Bildimpuls: Schülerbuch, S. 73 Abb. 73. 2 und 73. 1
  SS erklären nochmals die verheerende Lage der Bevölkerung durch die Inflation - Wissen aus der vorangegangenen Stunde wird aktualisiert – gleichzeitig antizipieren die SS, dass sich mit der neuen Währung etwas geändert haben musste.
- Impuls: So wie 1923 konnte es nicht weitergehen.
  SS vermuten Änderungen und wirtschaftliche Gesundung

Zielangabe: Die guten Jahre der Weimarer Republik

Problemerarbeitung
1. Teilziel: Erkennen, dass die wirtschaftliche Gesundung (Währungsreform, Dawesplan) der Republik Voraussetzung für einen allgemeinen Aufschwung war
- Text: Schülerbuch S. 73: Das Wunder Rentenmark, AA 4 Festhalten im Tafelbild
- Impuls: Das alleine genügte aber noch nicht. Die deutsche Wirtschaft hatte ja unheimliche Lasten zu tragen.
- SS stellen Bezug zu Reparationsfrage her

- Text: Schülerbuch S. 74, AA 1 – Auswertung im Unterrichtsgespräch, Sicherung im Tafelbild (Dawesplan 1924)

2. Teilziel: die wesentlichen Grundzüge der Außenpolitik Stresemanns und ihren Verträgen wissen und bewerten
- Bildimpuls: Schülerbuch S.74 Abb. 74.1
- Impuls: Bis zur Aufnahme in den Völkerbund war es noch ein weiter Weg.
- SS verbalisieren kurz die Notwendigkeit der Aussöhnung mit Frankreich
- Textanalyse in Partnerarbeit (Außenpolitik Stresemanns) Schülerbuch S.74 - AA 2, 3 und 4 und 5
- Auswertung und Bewertung der Partnerarbeit über die verschiedenen Verträge (Locarno...) – Sicherung im Tafelbild

3. Teilziel: wesentliche gesellschaftliche Fortschritte in den Jahren 1923 - 28 wissen und kritisch hinterfragen
- Bildimpuls: Schülerbuch S. 75 Abb. 75.1 und 75.2
- SS antizipieren ihre Vorerfahrungen zu technischem und sozialem Fortschritt
- Texte Schülerbuch S. 75, AA 1 und 3
- Diskussion (Gleichberechtigung der Frauen) und Zusammenfassung im Tafelbild

Ausweitung
- Außenpolitisch war es ruhig geworden, Wirtschaftsaufschwung war vorhanden; das musste für die Politik Folgen haben.
  SS verbalisieren stabilisierende Rückwirkung auf die Regierung; Tafelbild
- Hausaufgabe: S. 75, AA 2

Medien
FWU 32 00670 - Die Weimarer Republik von 1925 – 1930

Tafelbild

Die guten Jahre der Weimarer Republik		
Innenpolitisch-gesellschaftlich	Verträge – Maßnahmen	Ergebnisse, Inhalt, Folgen
a) **Wirtschaftliche Gesundung** Überwindung der Inflation durch • 26.9.1923 Abbruch des Ruhrkampfes • 15.11.1923 Währungsreform	• 1922 Vertrag von Rapallo: D-Sowjetunion	Verzicht auf gegenseitige Reparationen – Aufnahme diplomatisch-wirtschaftlicher Beziehungen
	• 1924 Dawesplan	Senkung der Reparationen für Deutschland
b) **Soziale Fortschritte** • Neuregelung der Arbeitslosenversicherung • Einführung des 8-Stunden-Tages	• 1925 Verträge von Locarno	a) Garantie der Unverletzlichkeit der Grenzen zwischen D-F-B; Überwindung der Erbfeindschaft mit Frankreich b) Offenhalten friedlicher Korrekturen der Ostgrenzen
c) **Fortschritte in der Technik** • Boom in Automobil- und Luftfahrtindustrie • Neueinführung Tonfilm und Rundfunk	• 1926 Völkerbundaufnahme Deutschlands	Auflösung der Isolation Deutschlands; Rückkehr in den Kreis der „Großmächte"
Wirtschaftlicher Aufschwung und politisch stabile Verhältnisse der demokratischen Regierungsparteien		

Belastungen der Republik nach Versailles
(Schülerbuch S. 76)

Lehrplanaussagen
LZ. 8.6 Die Weimarer Republik
8.6.2 Leistungen und Belastungen der Republik
– die Weltwirtschaftskrise
– das Ringen demokratischer und antidemokratischer Kräfte

Unterrichtsverlauf
Problemstellung
● Stumme Impulse an die Tafel: Begriff: Wirtschaftsblüte auf Pump - Zitat von Stresemann: „Wenn einmal eine Krise bei uns kommt und die Amerikaner ihre Kredite abrufen, dann ist der Bankrott da."
● SS erklären aus ihrem bisherigen Wissen die beiden Begriffe und artikulieren die große Gefahr, die eine Weltwirtschaftskrise mit sich bringen würde.

Erste Teilzielangabe: Die Weltwirtschaftskrise

Problemerarbeitung
1. Teilziel: die enge Verflechtung der Weltwirtschaftskrise mit der deutschen Wirtschaft und ihren Auswirkungen erkennen
● Text, Schülerbuch S. 76, AA 1
● Weitere Arbeitsgrundlage für Einzelarbeit: Analyse der Grafik, Schülerbuch S. 76 Abb. 76.1
● Gründe für den Zusammenbruch der deutschen Wirtschaft und ihren Auswirkungen werden im Unterrichtsgespräch erarbeitet; anschließend Festhalten im Tafelbild

2. Teilziel: den Begriff und die Funktion der drei Präsidialregierungen in Deutschland wissen und erklären können
● Text Schülerbuch S. 76 - AA 2 und 3 in Partnerarbeit
 – Weitere Arbeitsgrundlage für Partnerarbeit:
 – Analyse der Grafik, Schülerbuch S. 76 Abb. 76.1 und 2
 – AH 23/24
 – Zusammenfassung der politischen Auswirkungen der Wirtschaftskrise im Tafelbild
Ergänzung der vorläufigen Zielangabe: Die Weltwirtschaftskrise und das Ende der Weimarer Republik

Ausweitung
3. Teilziel: Erkennen, warum die Präsidialdiktatur das Ende der Weimarer Republik bedeutet
● Provokation: Was blieb denn dem Reichspräsidenten anderes übrig als mit Notverordnungen zu regieren?
● SS verneinen die Richtigkeit der Maßnahmen und suchen in Gruppenarbeit nach Lösungen, die die Weimarer Republik aus der Krise geführt hätten (z. B. nicht ständiges Auflösen der Reichstage,...)
● Zusammenfassung im Tafelbild

Medien
FWU 32 42165 - Weltwirtschaftskrise 1929-1930: Die Republik gerät in Not
FWU 42 10320 - Hindenburg und das Ende der Republik

Tafelbild

Die Wirtschaftskrise und das Ende der Demokratie in der Weimarer Republik

Gründe für die Krise	Auswirkungen auf Deutschland	
• Börsenkrach in den USA • Zusammenbruch zahlreicher Banken • Rückforderung der Kredite aus Deutschland • dramatischer Rückgang des Welthandels	a) wirtschaftliche Auswirkungen: • Rückgang der Produktion um 53% • zahlreiche Konkurse von Firmen • Explosion der Arbeitslosigkeit auf 6 Millionen	b) politische Auswirkungen: • März 1930: Scheitern der großen Koalition • Stärkung der radikalen Parteien bei den Neuwahlen 1930/1932 • keine Koalition ohne radikale Parteien möglich

Die wirtschaftliche und politische Krisensituation führt zu den letzten drei Präsidialkabinetten

1.4.1930	1.6.1932	2.12.1932
Präsidialkanzler Brüning	Präsidialkanzler von Papen	Präsidialkanzler von Schleicher

ungelöste Probleme

30.1.1933: Ernennung Hitlers zum Kanzler

Name: _____ Klasse: _____ Blatt: _____

Der demokratische Zerfall der Weimarer Republik
in den Jahren 1930 – 1932

Die Zusammensetzung der Reichstage 1928 bis 1932 (Reichstagssitze)

Parteien	20. Mai 1928	14.3.1930	31.7.1932	6.11.1932
NSDAP	12	107	230	196
DNVP	73	41	37	52
DVP	35	30	7	11
BVP	16	19	22	20
Zentrum	62	68	75	70
DDP	25	20	4	2
SPD	153	143	133	121
KPD	54	77	89	100
Sonstige	61	72	11	12
Gesamt:	491	577	608	584

1. Welche Tendenz zeigen die Wahlen von 1928-1933?

_____

_____

Mögliche Koalitionen in den Reichstagen von 1928 bis 1933
(Angaben in % der Reichstagssitze)

	Mai 1928	Sept. 1930	Juli 1932	Nov. 1932
Weimarer Koalition (SPD, DDP, Zentrum)	48,6	40,0	34,9	33,0
Große Koalition (SPD, DDP, Zentrum BVP, DVP)	61,2	50,4	39,6	38,2
Harzburger Front* (NSDAP, DNVP)	18,4	25,4	43,9	42,3
Kooperation der totalitären Parteien (links und rechts) (NSDAP, KPD)	13,5	31,9	52,5	50,7

Gruppierungen nach ihrer Einstellung für oder gegen die Weimarer Demokratie
(Angaben in % der Reichstagssitze)

	Mai 1928	Sept. 1930	Juli 1932	Nov. 1932
Für die Demokratie (SPD, Zentrum, BVP, DDP)	56,7	47,3	38,8	36,6
Faschismus* (NSDAP) - für eine Diktatur	2,5	18,5	37,8	33,6
Kommunismus (KPD) - Räterepublik	11,0	13,3	14,6	17,1
Konservativ- autoritär (zurück zur Monarchie (DNVP, DVP)	19,4	20,8	8,5	12,7

* Harzburger Front: Zusammenschluss der rechtsradikalen Parteien im Oktober 1931

* Faschismus: Bund nationalistischer Bewegungen

2. Waren demokratische Koalitionen nach den Wahlen von 1930 - 1932 noch möglich?

_____

_____

_____

_____

Name: _____ Klasse: _____ Blatt: _____

Das Präsidialsystem von 1930 - 1932 am Beispiel von Reichskanzler Brüning

Aus Brünings Regierungserklärung am 1. April 1930: „Das neue Reichskabinett ist entsprechend dem mir vom …Reichspräsidenten erteilten Auftrag an keine Koalition gebunden. (…) Das Kabinett ist gebildet mit dem Zweck, die … für das Reich lebensnotwendigen Aufgaben in kürzester Frist zu lösen".
Das Präsidialsystem betreffend, meinte Brüning auf einer Tagung am 6.4.1930: „Je unfruchtbarer das Parlament ist, je uneiniger die Parteien werden, desto stärker wird automatisch die Stellung des Reichspräsidenten. (…) Die Verfassung gibt dem Reichspräsidenten die Mittel, die angewendet werden, wenn das Parlament versagt."
Brüning wollte durch ein Sonderbesteuerungsprogramm (z. B. Erhöhung der Einkommenssteuer, Lohn- und Umsatzsteuer …) eine neue Inflation verhindern und den Export steigern. Am 26.6.1930 konnte er dieses „Notverordnungsprogramm zur Sicherung der Finanzen und Wirtschaft" nur gemäß Artikel 48 durchsetzen. Die Aufhebung des Notverordnungsprogramms durch den Reichstag führte zu dessen Auflösung und zur Radikalisierung bei den Neuwahlen. Nach Brünings Verbot der SA und SS durch eine Notverordnung im April 1932 wurde er von Hindenburg entlassen. Auch seine Nachfolger von Papen und Schleicher regieren hauptsächlich mit Notverordnungen. Zahlen belegen die Entwicklung: 1930 gab es noch 98 vom Reichstag, 1931 **34**, 1932 nur mehr **5** vom Reichstag beschlossene Gesetze. Bei den Notverordnungen gab es die gegenteilige Tendenz: 1930 wurden 5 Notverordnungen durchgesetzt, 1931 schon **44**, und 1932 schließlich **60**.

1. Welche Mittel der Verfassung meint Brüning in seinen Ansprachen 1930?

_____

2. Mit welcher Politik versucht Brüning die deutsche Wirschaftskrise zu beheben?

_____

3. Das Präsidialsystem war in den Jahren 1932 bis 1933 ein Dauerzustand. Versuche die Aussage zu erklären.

_____

_____

_____

4. Vervollständige mit deinem Wissen die Funktionsweise der Präsidialregierungen.

Reichskanzler von 1930 – 1933	Funktionsweise der Präsidialkabinette	Reichstag
_____		_____
_____		_____
_____	Reichspräsident in den Jahren von 1930 – 1932:	_____
_____	_____	

Der Aufstieg der NSDAP
(Schülerbuch S. 77/78)

Lehrplanaussagen
LZ. 8.6 Die Weimarer Republik
8. 6.3 Aufstieg der NSDAP
Elemente der NS-Ideologie: Antihaltungen, z. B. gegen
Demokratie, Sozialismus, Kapitalismus, Versailles
– neue Formen suggestiver Propaganda und organisierte
Gewalt als Mittel der Politik
– Protestmotive und Aufstieg zur Massenbewegung

Unterrichtsverlauf
Problemstellung
- Bildimpuls: Schülerbuch S. 77, Abb. 77.1
  SS artikulieren ihr Vorwissen zu Hitler: Diktator, erken-
  nen im Bild den Hitlergruß, Massenveranstaltungen
- Impuls: Eigentlich undenkbar, wie solch ein Mann an die
  Macht kommen konnte. Trotzdem wollen wir es zu
  erklären versuchen.
  SS antizipieren Meinungen: Weltwirtschaftskrise,
  Arbeitslosenzahlen als Auslöser....

Zielangabe: Weltanschauung und der Aufstieg von Hitler
und der NSDAP

Problemerarbeitung
1. Teilziel: die Teilbiographie Hitlers wissen und auf ihre
demokratische Vereinbarkeit hin hinterfragen
- Impuls: Wir wissen viel von Hitle als Diktator und
  Kriegsführer, aber weniger über sein Leben davor
- Text, Schülerbuch S. 78 AA 1
  SS diskutieren z. B., ob Verurteilte wie Hitler heutzutage
  Möglichkeit bekämen, politische Ämter zu ergreifen

2. Teilziel: die Grundsätze der Weltanschauung Hitlers und
der NSDAP wissen und ihre Unvereinbarkeit mit Grund-
rechten erkennen
- Text: Schülerbuch S. 77, AA 2 – 5, AH 25
- Zusammenfassung im Unterrichtsgespräch sowie im
  Tafelbild unter den Überbegriffen (Rassismus...)

3. Teilziel: Wesentliche Elemente der Propaganda von Hitler
wissen
- Bildimpulse Schülerbuch S. 78, Abb. 78.1 und 78.2
  SS verbalisieren dargestellte Propaganda auf den Bildern:
  Großaufmärsche, Hakenkreuz als Symbol, Ausnutzung
  der Arbeitslosigkeit ...
- Impuls: Um an die Macht zu kommen, reichte es nicht
  aus, einfach gegen bestimmte Menschen zu hetzen.
  SS verbalisieren Mittel der Propaganda
- Text: Schülerbuch, S.78 in Gruppenarbeit
  – Gruppe 1: Neue Formen der Propaganda,
    Schülerbuch S. 78, AA 1
  – Gruppe 2: Gewalt als Mittel der Propaganda,
    Schülerbuch S. 78, AA 2
  – Gruppe 3: Aufstieg der NSDAP, Schülerbuch S.
    78, AA 3
- Auswertung der Gruppenergebnisse im Unterrichts-
  gespräch; Festhalten im Tafelbild

Ausweitung
- Gemeinsame Diskussion über AA 4: Wäre eine solche
  Entwicklung auch heute möglich, angesichts der hohen
  Arbeitslosenzahlen?
- SS diskutieren Für und Wider einer solchen Entwicklung

Medien
FWU 32 10200 - Nationalsozialismus und Drittes Reich –
das Ende der Weimarer Republik

Tafelbild

Weltanschauung und der Aufstieg von Hitler und der NSDAP

Die Weltanschauung ...

Rassismus - Antisemitismus	Führerprinzip	Volksgemeinschaft
Rassistische Rangordnung der Menschen a) Arier – Deutsche zum Führen bestimmt Inbegriff des „Guten" b) Juden, eine minderwertige Rasse • Inbegriff des Bösen • Schuld an allen Missständen (Demokratie ...)	• unbeschränkte Vollmacht • keine Einsetzung durch Wahlen sondern Bestimmung von oben • Einheitspartei • „Der Führer hat immer recht"	• Nicht der Einzelne, sondern die Gemeinschaft ist wichtig

... steht im Gegensatz zu den

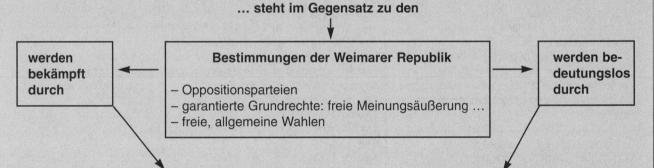

werden bekämpft durch	Bestimmungen der Weimarer Republik – Oppositionsparteien – garantierte Grundrechte: freie Meinungsäußerung ... – freie, allgemeine Wahlen	werden bedeutungslos durch

Massive Propaganda	Auflösungserscheinungen der Republik
a) Rhetorisch - technische Propaganda • Propaganda für die (einfache) Masse • Fanatismus, Weckung von Emotionen • Symbole der Einheit (Hakenkreuz ...) • verstärkter Einsatz neuer Medien b) Gründung der SA (Sturmeinheit) als Demonstration von Macht und Stärke in einer schwachen Republik	• Elend der Bevölkerung • Unfähigkeit der Parteien zur Lösung der Probleme

Der Aufstieg der NSDAP zur Macht wird möglich

Name: _____ Klasse: _____ Blatt: _____

Die Weltanschauung der NSDAP im Widerspruch zum heutigen Grundgesetz

Der Reichstag in Flammen!

Von Kommunisten in Brand gesteckt!

So würde das ganze Land aussehen, wenn der Kommunismus und die mit ihm verbündete Sozialdemokratie auch nur auf ein paar Monate an die Macht kämen!

Brave Bürger als Geiseln an die Wand gestellt! Den Bauern den roten Hahn aufs Dach gesetzt!

Wie ein Aufschrei muß es durch Deutschland gehen:

Zerstampft den Kommunismus! Zerschmettert die Sozialdemokratie!

DIE WÜRDE DES MENSCHEN IST UNANTASTBAR
ART. 1 GG

Auszüge aus dem Programm der NSDAP:

4. Staatsbürger kann nur sein, wer Volksgenosse ist. Volksgenosse kann nur sein, wer deutschen Blutes ist, ohne Rücksichtnahme auf Konfession. Kein Jude kann daher Volksgenosse sein.

23. Wir fordern den gesetzlichen Kampf gegen die bewusste politische Lüge und ihre Verbreitung durch die Presse. (…) Zeitungen, die gegen das Gemeinwohl verstoßen, sind zu verbieten.

25. Zur Durchführung all dessen fordern wir: Die Schaffung einer zentralen Gewalt … Unbedingte Autorität … des politischen Zentralparlaments über das gesamte Reich und seine Organisationen im Allgemeinen. Die Führer der Partei versprechen, wenn nötig unter Einsatz des eigenen Lebens für die Durchführung der vorstehenden Punkte rücksichtslos einzutreten.

Grundgesetz für die Bundesrepublik Deutschland (April 1998)

Artikel 20: Die Bundesrepublik Deutschland ist ein demokratischer und sozialer Bundesstaat. Alle Staatsgewalt geht vom Volke aus. Sie wird vom Volke in Wahlen … durch besondere Organe der Gesetzgebung und der vollziehenden Gewalt und der Rechtssprechung ausgeübt.
Artikel 5: Jeder hat das Recht, seine Meinung in Wort, Schrift und Bild frei zu äußern und zu verbreiten und sich aus allgemein zugänglichen Quellen ungehindert zu unterrichten. Die Pressefreiheit und die Freiheit der Berichterstattung durch Rundfunk … werden gewährleistet. Eine Zensur findet nicht statt.
Artikel 4: Die Freiheit des Glaubens und des Gewissens und die Freiheit des religiösen und weltanschaulichen Bekenntnisses sind unverletzlich.
Artikel 1: Die Würde des Menschen ist unantastbar. … Das deutsche Volk bekennt sich zu unveräußerlichen Menschenrechten als Grundlage jeder menschlichen Gemeinschaft … in der Welt.
Artikel 3: Alle Menschen sind vor dem Gesetz gleich. … Niemand darf wegen seines Geschlechtes, seiner Abstammung, seiner Rasse … seiner Heimat und Herkunft, seiner religiösen … Anschauung bevorzugt oder benachteiligt werden.

Ordne die Kernaussagen des NSDAP-Programms und die wesentlichen Aussagen des Grundgesetzes. Stelle sie gegenüber und zeige die Widersprüche auf.

Grundauffassungen	Auffassung der NSDAP	Widersprüche zum Grundgesetz
1. Staat und Staatsaufbau:	Punkt 25:	Artikel 20:
2. Stellung d. Menschen	Punkt 4	Artikel 1/3/4
3. Presse:	Punkt 23:	Artikel 5

Lösungsvorschläge
Jetzt bin ich fit
(Schülerbuch S. 79)

1. Ordne die Erzählung Scheidemanns zeitlich ein!
Die Erzählung Scheidemanns fällt in den November des Jahres 1918, als die Revolution in Wilhelmshaven begann. Sie lässt sich zeitlich auf den 9.11.1918 terminieren, als in der Hauptstadt Berlin streikende Arbeiter zusammenströmten, um die Abdankung des Kaisers Wilhelm des II. zu fordern. Die Erzählung schildert somit die Geschehnisse unmittelbar bevor Scheidemann von der Reichskanzlei in der Wilhelmstraße die Republik ausruft, um Karl Liebknechts Verkündigung einer „Räterepublik" zuvorzukommen.

2. Ordne die folgenden Politiker den einzelnen Parteien der Revolution in Deutschland und Bayern zu. Erkläre ihre unterschiedlichen Vorstellungen über die neue Staatsform.

Politiker	Partei	Vertretene Staatsform
Kurt Eisner	USPD in Bayern	Mischform von direkter Demokratie (Rätesystem) und indirekter Demokratie (Parlamentarismus)
Philipp Scheidemann	MSPD- spätere SPD	Parlamentarische Demokratie nach der Weimarer Verfassung
Rosa Luxemburg	Bis 1918 SPD dann Gründung des Spartakusbundes - 1.1.1919 Kommunistische Partei Deutschlands-Spartakusbund	Rätesystem: Arbeiter - und Soldatenräte, gewählt durch das Volk; im Gegensatz zur parlamentarischen Demokratie unmittelbare, direkte Wahl von weisungsgebundenen Beauftragten (Räte); keine Gewaltenteilung Besonderheit bei Rosa Luxemburg: Keine Diktatur des Proletariates, sondern freie Wählerentscheidung, gegen jegliche Form von Putsch
Karl Liebknecht	Spartakusbund - 1.1.1919 Gründung der Kommunistischen Partei Deutschlands-Spartakusbund	Rätesystem (vgl. Luxemburg) Freie sozialistische Republik Deutschlands
Friedrich Ebert	MSPD- spätere SPD	Parlamentarische Demokratie nach der Weimarer Verfassung

3. Stelle die wichtigsten Schwächen und Stärken der Weimarer Verfassung zusammen. Folgende Stichpunkte helfen dir.

1. Schwächen	Begründung
Ersatzkaiser, Notverordnungen (Art. 48) Auflösung Reichstag (Art. 25),	Machtfülle des RP: ein monarchisches Relikt mit fast diktatorischen Vollmachten: - Ernennung des Reichskanzlers durch RP, keine Wahl durch Reichstag; somit war es möglich, auch gegen den Willen des Reichstages einen Reichskanzler zu ernennen bzw. zu entlassen. - unbegrenzte Möglichkeit, den Reichstag aufzulösen; - Präsidialdiktatur mit Notverordnungen unterhöhlt die Bedeutung des Reichstages; die Gewaltenteilung wird außer Kraft gesetzt. Die drei Vollmachten in ihrer Verbindung ermöglichen eine Präsidialdiktatur.
Wahlrecht ohne 5%-Klausel	Folge des Wahlrechts war eine zunehmende Parteienzersplitterung; mangelnder Konsens bei den Parteien minderte die Funktionstüchtigkeit des Reichstages und erschwerte die Regierungsbildung. Die tatsächliche Folge waren häufig wechselnde Koalitionen in der Weimarer Republik.
Stärken	
Wahlrecht für Frauen	Eine positive Entwicklung, da durch das Wahlrecht die Stellung der Frau damit auch den rechtlichen Schritt in Richtung Gleichberechtigung machte.
Volksentscheid	Das plebiszitäre Element des Volksentscheids (ein Zehntel der Stimmberechtigten, um z. B. einen Gesetzesvorschlag in den Reichstag einzubringen) entspricht dem Artikel 1 der Weimarer Verfassung, dass die Reichsverfassung auf dem Selbstbestimmungsrecht des Volkes beruht. Der parlamentarische Charakter kommt damit erstmals in der Geschichte im Vergleich zu den monarchisch orientierten vorangegangenen Verfassungen zum Ausdruck.

4. Erkläre den Begriff Klassenjustiz anhand der Tabelle.
Klassenjustiz meint, dass die Rechtsprechung sehr einseitig vorging: Politische Verbrechen und Morde von linksextremen Gruppierungen wurden nahezu alle geahndet, hingegen Verbrechen von rechter Seite nur in geringer Zahl - 23 Täter wurden freigesprochen. Die Tabelle zeigt ein aus heutiger Sicht sehr unausgewogenes, unakzeptables Rechtsverständnis, das nationalistischen Tendenzen von rechter Seite zu tolerant gegenüberstand.

5. *Beschreibe die Rolle der Reichswehr bei den Aufständen und Putschversuchen in den Jahren 1920-1923.*
Die Rolle der Reichswehr ist mit der der Rechtssprechung vergleichbar:
a) Bei allen kommunistischen Aufständen oder sonstigen linken Aufständen (1920 und 1923 in Sachsen, Thüringen; Spartakusaufstand) griff die Reichswehr hart und brutal ein, um die Aufstände niederzuschlagen.
b) Bei Aufständen von rechter Seite hingegen verhält sie sich größtenteils unpolitisch und neutral. (Beispiel Kapp-Putsch 1920: „Reichswehr schießt nicht auf Reichswehr").

6. *Welche Rolle spielte der Versailler Vertrag für die Inflation?*
Die Bestimmungen des Versailler Vertrags beschleunigten den Vorgang der Inflation:
a) Durch den Ausfall zahlreicher Industriezentren (z. B. in Lothringen und in Oberschlesien (Verlust der Eisenvorräte, Kohleförderung)...
b) Zudem vergrößerte sich durch die Reparationsverpflichtungen (anfangs jährlich 132 Milliarden Goldmark) die Verschuldung der Republik. Dadurch: Beschleunigung des Tempos der Markentwertung (= Inflation).

7. *Erläutere Ursachen und die Folgen der Inflation im Jahr 1923.*
a) Ursache: Sehr hohe Kriegsausgaben im ersten Weltkrieg, die fast ausschließlich durch Kriegsanleihen (ca. 100 Mrd. Mark) und zusätzlichen Druck von Papier gedeckt wurden; Folge: Sehr hohe Verschuldung
b) Ursache: Umstellung auf die Friedensproduktion; Folge: Hohe Geldaufwendungen für entlassene Soldaten (Bestimmungen des Versailler Vertrages,) Flüchtlinge und Arbeitslose sowie die Kriegsopferfürsorge
c) Ursache: Hohe Reparationszahlungen (Folge vgl. Frage 6)
d) Ursache: Ruhrkampf 1923: Folge: Explosion der Inflation durch ausfallende Einnahmen für den Staatshaushalt

8. *Warum bekam Stresemann 1926 den Friedensnobelpreis verliehen? Erkläre.*
Stresemann bekam den Friedensnobelpreis für seine Außenpolitik der Versöhnung in den Jahren 1923 - 1929 als Reichskanzler und Außenminister. Er hat deutsche Interessen vertreten und international eine neue Vertrauensbasis zu den anderen Westmächten geschaffen. Vor allem hat er die „Erbfeindschaft" mit Frankreich überwunden, indem er dem französischen Sicherheitsstreben in den Locarno Verträgen von 1925 nachkam. Frucht dieser Bemühungen war Deutschlands Aufnahme in den Völkerbund 1926. Auf französischer Seite war Aristide Briand ebenfalls um Aussöhnung bemüht. Beide bekamen 1926 den Nobelpreis.

9. *Wie versucht der amerikanische Lehrer den Schülern das Phänomen Nationalsozialismus zu erklären?*
Er versucht dies mit einem Experiment. Unter einem anderen Namen, die „Welle" (statt NSDAP), versetzt er die Schüler mit denselben Methoden der Propaganda und äußeren Zeichen (Wellegruß...) in die Rolle der damaligen Menschen und manipuliert sie, bevor er ihnen die Augen ihrer eigenen Beeinflussung öffnet.

10. *Leiht euch den Film „Die Welle" nach der Durchnahme des Themas Nationalsozialismus aus und beurteilt ihn!*
Es sind individuelle Antworten zugelassen, die in schriftlicher spontaner Form unmittelbar nach dem Film erfolgen sollten. Folgende Impulsfragen können zum Beispiel zur Auswertung des Filmes gegeben werden? (nach der Durchnahme des gesamten Themenkomplexes „Nationalsozialismus")
l. Was ist der unmittelbare Anlass für das Experiment des Lehrers?
2. Welche Rolle nimmt der Lehrer ein?
3. Nenne drei Typen im Film mit Namen, die dir am wichtigsten erscheinen und begründe warum!
4. Welche Gemeinsamkeiten und Unterschiede gibt es zwischen dem Film und Hitlers NSDAP sowie seinen vertretenen Meinungen (Rassismus, ...)?
5. Finde zwei Gründe dafür, warum das Experiment von Mr. Ross sinnvoll ist. Stelle auch zwei Gefahren gegenüber, die das Experiment beinhaltet.

11. *Erkläre nochmals mit deinem Wissen folgende Begriffspaare und erläutere, wie sie zusammenhängen!*
Weltwirtschaftskrise + Präsidialkabinette:
Die Weltwirtschaftskrise stellt eine gewichtige Ursache für das Zustandekommen der Präsidialkabinette dar. Der Beginn der Weltwirtschaftskrise geht einher mit dem Börsenkrach in den USA am 25.10.1929. Deutschland hatte besonders von den USA zur Stabilisierung der eigenen Wirtschaft ca. 10,3 Milliarden langfristige und 10,3 Milliarden kurzfristige Kredite, die die USA seit 1929 zurückrief.
Dies hatte auch auf Deutschland enorme Auswirkungen.
- Produktionsrückgang
- Explosion der Arbeitslosigkeit
Politische Auswirkungen: Die letzte demokratische Koalition (SPD, Zentrum, DDP, DVP, BVP) unter Reichskanzler Müller (SPD) bricht beim Streit um die Erhöhung eines halben Prozent der Beiträge für die Arbeitslosenversicherung zusammen. Nach dem Auseinanderbrechen der Großen Koalition waren koalitionsfähige Mehrheiten nicht in Sicht. Alle Reichsparteien schreckten vor einer sofortigen Regierungsverantwortung zurück. Daher wurde seit 1929 an einer Regierungsbildung ohne Parlament gearbeitet. Es gab drei sogenannte Präsidialkabinette (vgl. Frage 3) (Brüning, von Papen und von Schleicher), die versuchten die wirtschaftlichen Probleme zu lösen.

Alle drei Kabinette waren:
a) Abhängig vom Vertrauen des Präsidenten,
b) Abgestützt durch die Machtbefugnisse des RP und weitgehend unabhängig vom Vertrauen des Reichstages, das bedeutete: die eigentliche legislative Gewalt des Reichstages bestand nicht mehr; ebenso war die Kontrollfunktion des Parlaments über die Exekutive aufgehoben.

Rassismus + Antisemitismus;

Die Begriffe Rassismus und Antisemitismus sind zwei wesentliche Schlagworte des inhaltlichen Programms und der Weltanschauung der von Hitler gegründeten NSDAP. Dabei gehen beide Begriffe fast ineinander über. Der Wegbereiter des Rassisimus ist der franz. Graf Gobineau mit seinem Werk über die Ungleichheit der Menschenrassen. Er kommt zum unbegründeten Schluss der Überlegenheit der arischen Rasse und damit der Gleichsetzung arisch = germanisch = deutsch. Hitler übenahm dieses unbegründete Denkmuster der Ordnung des menschlichen Geschehens nach rein rassischen Gesichtspunkten:
- die Geschichte werde allein durch die Gesetze der Rasse und des Blutes bestimmt.
- die Verschiedenartigkeit deutet er in eine Verschiedenwertigkeit um:
- Nach ihm gibt es eine Rangordnung der Rassen:
Die Arier und Germanen standen an oberster Stelle, während am Ende u. a. die Juden als kulturzerstörende zur Knechtschaft taugliche semitische Sprachgemeinschaft standen. Der „umgeformte, verschwommene Rassismus" Hitlers ist für ihn die „theoretisch natürlich unbegründete" Grundlage für seinen Antijudaismus. Man spricht zusammenfassend vom rassistischen Antisemitismus.

Führerprinzip + Volksgemeinschaft

Beide Begriffe dokumentieren das zentrale Ziel (Volksgemeinschaft) und das Mittel (Führerprinzip) von Hitlers Diktatur. Hitler verband beide Begriffe zu einem Geschichtsmythos, demzufolge er sein drittes Reich als Vollendung der deutschen Nation (Volksgemeinschaft), das sogenannte „Germanische Reich deutscher Nation", interpretierte. Dieses Ziel nach Hitler machte es notwendig, dass sich alle dem Willen eines einzelnen unterordnen (Führerprinzip: „Führer befiel, wir folgen dir"). Konsequenzen dieser beiden Begriffe für die bisherige Demokratie und Verfassung:
• Volksgemeinschaft und Führerprinzip stehen Prinzipien des Individualismus und der Parteienpluralität entgegen
• Liberale Wertvorstellungen (Grundrechte und -pflichten), eine vom Volk gewählte und dem Volk verantwortliche Regierung, individuelle Rechtsansprüche (dreifache Gewaltenteilung), Opposition sind damit wertlos und müssen abgeschafft werden.
„Recht ist, was dem Volke nützt" waren Formeln, die die Aufgabe eines Rechtsstaates bedeuteten. Gleichzeitig nahmen der Führer in der Person Hitlers und die Partei (NSDAP) für sich in Anspruch, zu erkennen, was dem Volke nützt.

7. Nationalsozialismus und Zweiter Weltkrieg

Die Nationalsozialisten an der Macht
(Schülerbuch S. 80)

Lehrplanaussagen
LZ 8.7 Deutschland unter nationalsozialistischer Herrschaft und der Zweite Weltkrieg
8.7.1 Machtergreifung
– Hitlers Ernennung zum Reichskanzler 1933

Unterrichtsverlauf
Problemstellung
- Abbildung 80.1: Fackelzug der Nationalsozialisten
- Schüler vermuten, was hier passiert sein könnte, evtl., dass Hitler an diesem Tag an die Macht kam, dass der Fackelzug zu einem wichtigen Ereignis gehört
- ggf. Lehrerinformationen dazu

Zielangabe: Wie kam Hitler an die Macht? (TA)

Problemerarbeitung
1. Teilziel: Hitlers Machtübernahme
- Text Schülerbuch S. 80, linke Spalte mit Arbeitsauftrag 1
- Schüler bearbeiten in Partnerarbeit
- Auswertung im Unterrichtsgespräch, Schüler erkennen, dass Hitler legal (Begriffsklärung: rechtmäßig) am 30.1.1933 zum Reichskanzler durch Hindenburg berufen wurde, Tafelanschrift

2. Teilziel: Reaktionen auf die Machtergreifung
- Vergleich der vier Quellen, S. 80, rechte Spalte, dazu Arbeitsaufträge 4 und 5
- Schüler bearbeiten in Einzelarbeit
- Auswertung der Ergebnisse im Unterrichtsgespräch, Schüler erkennen, dass von Papen Hitler völlig unterschätzte, dass Hitler die Macht nie mehr hergeben werde und die FAZ und Ludendorff, sogar ein früherer Freund Hitlers, die Machtübernahme als Gefahr für die Demokratie und das Reich sahen, Tafelanschrift
- *Differenzierung:* Karikatur 80.2, S. 80

Problembewertung
- Beurteile nochmals selbst die Machtübernahme
- Unterrichtsgespräch: Schüler erkennen, dass die Machtübernahme zwar rechtmäßig war, Hitler auf die Verfassung schwor, aber Angst im In- und Ausland vorhanden war, dass dies alles Täuschung sei.

Ausweitung
- Unterrichtsgespräch: Wie gelang es die Öffentlichkeit zu beeindrucken? Dazu Abbildung 80.1, Arbeitsaufträge 2 und 3

Medien
3200558 – Hitler an der Macht

Tafelbild

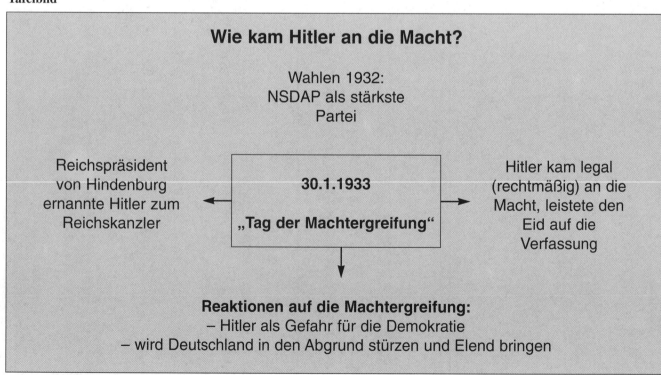

Die Demokratie wird beseitigt
(Schülerbuch S. 81)

Lehrplanaussagen
LZ 8.7 Deutschland unter nationalsozialistischer Herrschaft
und der Zweite Weltkrieg
8.7.1 Machtergreifung
– Aufhebung der Grundrechte und „Ermächtigungsgesetz"

Unterrichtsverlauf

Problemstellung
- Bildimpuls: Schülerbuch S. 81/Abbildung 81.2: Der Tag
von Potsdam und Text darüber
- Schüleräußerungen: Hitler gelobt Treue und Gehorsam
gegenüber dem Vaterland vor dem Reichstag, er steht auf
der Seite des Staates, ist für den Staat
- Lehrerinformation: Hitler war jedoch nicht für die
Weimarer Republik, er wollte diese Demokratie (Begriffsklärung!) von Anfang an beseitigen

Zielangabe: Wie beseitigte Hitler die Demokratie? (TA)

Problemerarbeitung
1. Teilziel: 1. Notverordnung vom 4.2.1933 und 2. Notverordnung „Zum Schutz von Volk und Staat"
- Schülerbuch S. 81, Text der Notverordnungen und AA 1
- Schüler bearbeiten in Einzelarbeit
- Auswertung im Unterrichtsgespräch, Schüler nennen
abgeschaffte Grundrechte, Tafelanschrift

2. Teilziel: Das Ermächtigungsgesetz

- Schülerbuch S. 81: Ermächtigungsgesetz, dazu
Arbeitsaufträge 4 und 5, Schüler bearbeiten in
Partnerarbeit
- Auswertung der Ergebnisse im Unterrichtsgespräch,
Schüler erkennen, dass nun auch die Reichsregierung,
nicht nur das Parlament, Gesetze beschließen darf und
diese von der Verfassung abweichen dürfen, TA

3. Teilziel: Folgen dieser Gesetze
- Arbeitsauftrag: Suche mit deinem Partner im Text S. 81,
welche Folgen diese Gesetze hatten!
- Schüler bearbeiten
- Auswertung im Unterrichtsgespräch: Ausschaltung der
Gegner, der gegnerischen Presse, der KPD und SPD,
Beseitigung des Parlaments, Tafelanschrift

Problembewertung
- Quellentext: Rede von Otto Wels, Arbeitsauftrag 6
- Unterrichtsgespräch über Folgen: Parlament, vom Volk
gewählte Vertreter, ist ausgeschaltet worden, Regierung
ist allmächtig, es gibt keine vorstaatlichen Rechte mehr,
Einzelner ist Staat ausgeliefert, es darf nur noch die
Meinung des Staates veröffentlicht werden, aus der
Demokratie wurde eine Diktatur (Begriffsklärung), TA

Vertiefung
- AA 2 und 3, S. 81, Rückgriff auf Problemstellung
- Schüler: Hitler konnte seine Gegner täuschen, indem er
Gehorsam und Treue schwor in Potsdam

Medien
3210201 „Machtergreifung" und „Gleichschaltung"

Tafelbild

Wie beseitigte Hitler die Demokratie?

DEMOKRATIE

1. Notverordnung
vom 4.2.1933:
– Aufhebung der
Presse-, Koalitions- und
Versammlungsfreiheit

↓

Ausschaltung der
Gegner und der
gegnerischen Presse

2. Notverordnung zum
„Schutz von Volk und Staat":
– Aufhebung der
Grundrechte:
z. B.: persönliche Freiheit,
freie Meinungsäußerung,
Brief- und Postgeheimnis,
Unverletzlichkeit der
Wohnung

↓

Ausschaltung von
KPD und SPD

Ermächtigungsgesetz:
– Beschluss von
Gesetzen durch die
Reichsregierung
– diese Gesetze dürfen
von der Verfassung
abweichen

↓

Beseitigung der parla-
mentarischen Demo-
kratie, des Parlaments

DIKTATUR

Die Gleichschaltung
(Schülerbuch S. 82/83)

Lehrplanaussagen
LZ 8.7 Deutschland unter nationalsozialistischer Herrschaft und der Zweite Weltkrieg
8.7.1 Machtergreifung
– „Gleichschaltung" der Parteien und Organisationen, der Länder; Beseitigung der kulturellen Vielfalt (z. B. Bücherverbrennung, Gleichschaltung der Medien)

Unterrichtsverlauf
Problemstellung
- Wiederholung der letzten Unterrichtsstunde
- Tagebuchnotiz Goebbels / Buch S. 82 und Bild 82.1:
- „Besetzung eines Gewerkschaftshauses"
- Beschreibung: freies Unterrichtsgespräch

Zielangabe: Der Prozess der Gleichschaltung

Problemerarbeitung
Die folgenden Teilzeile werden durch eine arbeitsteilige Gruppenarbeit erarbeitet:
- *Gruppe 1 /TZ 1 :* Gleichschaltung der Länder und Gemeinden (Buch S. 82, AA 1 und AA 2)
- *Gruppe 2 /TZ 2:* Die Gleichschaltung der Verwaltung (Buch S. 82, AA 3 und AA 4)
- *Gruppe 3 /TZ 3:* Die Gewerkschaften werden zerschlagen (Buch S. 82, AA 5 und AA 6)
- *Gruppe 4 /TZ 4:* Die Abschaffung der politischen Parteien (Buch S. 83, AA 1 und AA 2)

- *Gruppe 5 /TZ 5:* Die Gleichschaltung des geistigen Lebens (Buch S. 83, AA 3 und AA 4)
- Zusammentragen der Ergebnisse durch die jeweiligen Gruppensprecher
- Aussprache / TA

Problembewertung/Sicherung
- Bewertung und Vergleich: „Länder, Parteien, Verwaltung und Gewerkschaften in Deutschland" (ggfs. GG)
- Vergleichende Bildbetrachtung: „Artgemäße - Entartete Kunst" (Beschreibung; Kennzeichen ...)
- Möglichkeiten des Widerstandes gegen die Gleichschaltung erörtern
- Eintrag der Tafelanschrift in das Heft/die Mappe

Hausaufgabe
- AA 5 (Buch S. 83): Erarbeitung von Kurzreferaten über ausgewählte Künstler/Schriftsteller, deren Werke zur Zeit des Nationalsozialismus als entartet galten und daher verboten wurden (Zeit: ca. 2 Wochen)

Literatur/Medien
Focke, H./Reimer, U.: „Alltag unter dem Hakenkreuz", S. 20 ff.; Hamburg 1979
Mann, G.: „Deutsche Geschichte des 19. und 20. Jahrhunderts, S. 814 ff.
FWU 3210201 - Machtergreifung und Gleichschaltung
FWU 2200183 - Die Gleichschaltung
4241016 - Hitler - eine Karriere von C. Fest

Tafelbild

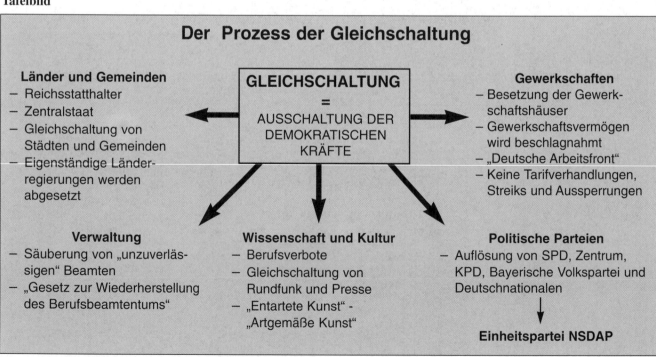

Name:_____ Klasse:_____ Blatt:_____

Wie wurden die Menschen durch den Nationalsozialismus erfasst?

„Sie werden nicht mehr frei"

„Diese Jugend, die lernt ja nichts anderes als deutsch denken, deutsch handeln, und wenn diese Knaben mit 10 Jahren in unsere Organisation hineinkommen und dort zum ersten Mal überhaupt eine frische Luft bekommen und fühlen, dann kommen sie vier Jahre später zum Jungvolk, in die Hitlerjugend und dort behalten wir sie wieder vier Jahre. Und dann geben wir sie erst recht nicht zurück in die Hände unserer alten Klassen- und Standeserzeuger, sondern dann nehmen wir sie sofort in die Partei, in die Arbeitsfront, in die SA oder in die SS, in das NSKK usw...

Und wenn sie dort zwei Jahre oder eineinhalb Jahre sind und noch nicht ganze Nationalsozialisten geworden sein sollten, dann kommen sie in den Arbeitsdienst und werden dort wieder 6 oder 7 Monate geschliffen, alles mit einem Symbol, dem deutschen Spaten. Und was dann nach 6 und 7 Monaten noch an Klassenbewusstsein oder Standesdünkel da oder da noch vorhanden sein sollte, das übernimmt dann die Wehrmacht zur weiteren Behandlung auf zwei Jahre und wenn sie nach 2, 3 oder 4 Jahren zurückkehren, dann nehmen wir sie, damit sie auf keinen Fall rückfällig werden, sofort wieder in die SA, SS usw. und sie werden nicht mehr frei ihr ganzes Leben ..."

(Hitler in einer Rede 1938. Aus: Bilder und Dokumente zur Zeitgeschichte 1933 - 1945, S. 100)

Hitler in Reden an die deutsche Frau

„... Wenn man sagt, die Welt des Mannes ist der Staat, die Welt des Mannes ist sein Ringen, die Einsatzbereitschaft für die Gemeinschaft, so könnte man vielleicht sagen, dass die Welt der Frau eine kleinere sei. Denn ihre Welt ist ihr Mann, ihre Familie, ihre Kinder und ihr Haus ...

Was der Mann an Opfern bringt im Ringen seines Volkes, bringt die Frau an Opfern im Ringen um die Erhaltung dieses Volkes in den einzelnen Zellen ... Jedes Kind, das sie zur Welt bringt, ist eine Schlacht, die sie besteht für Sein oder Nichtsein ihres Volkes ..."

1. Lies sorgfältig die oben abgedruckten Quellentexte.
2. Welche NS-Organisationen muss ein Mann im Sinne des Nationalsozialismus durchlaufen?
3. Welche Ziele verfolgt Hitler mit der totalen Erfassung der jungen Menschen?
4. Ergänze die folgende Grafik!

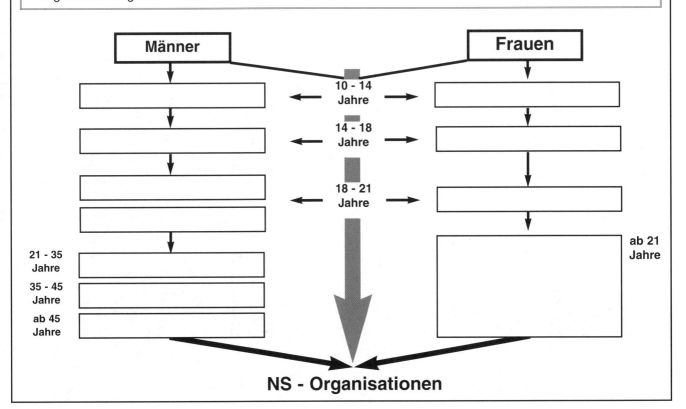

Verführung und Terror
(Schülerbuch S. 84)

Lehrplanaussagen
LZ 8.7 Deutschland unter nationalsozialistischer Herrschaft und der Zweite Weltkrieg
8.7.2 Verführung und Terror
– Propaganda, Führerkult, Inszenierung von Politik als Massenerlebnis

Unterrichtsverlauf
Problemstellung
- Einstieg über Bild 84.1: „Adolf Hitler"
- Buch S. 84, AA 3: Bildbeschreibung
- Spontane Schüleräußerungen
- TA: „Ein Volk, ein Reich, ein Führer!" (Alternativ: „Der Führer hat immer recht!")
- Schüleräußerungen; freies Unterrichtsgespräch

Zielangabe: Wie beeinflussen die Nationalsozialisten das Volk?

Problemerarbeitung
1. Teilziel: Hitler als Führer des Volkes
- Buch S. 84 links oben und Quellentext : „Goebbels über die Aufgabe des neu geschaffenen Propagandaministeriums, 1933"
- Buch S. 84, AA 1 und AA 2 in Partnerarbeit
- Zusammenschau, Tafelanschrift

2. Teilziel: Mittel nationalsozialistischer Propaganda
- Grafik Buch S. 84 links unten
- Text Buch S. 84 rechts oben
- AA 4: „Wirkung der NS-Propaganda"
- AA 5: Unterscheidung --> Propaganda <---> Information
- Vortrag der Ergebnisse; Tafelanschrift

3. Teilziel: Inszenierung von Politik als Massenerlebnis
- Bild 84.2: „Reichsparteitag in Nürnberg"
- Text Buch S. 84 rechts unten
- AA 6: „Ziel und Zweck von Massenveranstaltungen und Aufmärschen"
- Zusammenschau; freies Unterrichtsgespräch

Problembewertung/Sicherung
- Vergleichen des Aufbaus der Demokratie mit dem Aufbau von Hitlers „Führerstaat"
- Herausfinden, ob es in der Gegenwart Staaten mit ähnlichem Aufbau gibt
- Erörtern: In der ehemaligen DDR hieß es: „Die Partei hat immer recht"; Vergleich mit Hitlers „Führerstaat"
- Eintrag der Tafelanschrift ins Heft/die Mappe

Literatur/Medien
„Ein Volk, ein Reich, ein Führer", Dokumentation: Das III. Reich, Hamburg 1975, Bd. 1 und 2
Hofer, W.: Der Nationalsozialismus, Dokumente 1933 -1945, Fischer Taschenbuch Verlag, Frankfurt/M. 1957,
S. 73 ff.
FWU 2200185: Ein Volk! Ein Reich! Ein Rundfunk!
3205586: Nationalsozialistische Propaganda

Tafelbild

Wie beeinflussen die Nationalsozialisten das Volk ?		
1. Durch den Aufbau eines Führerkultes	**2. Durch Propaganda** *Propagandamittel:*	**3. Durch Massenveranstaltungen**
– „Ein Volk, ein Reich, ein Führer !" – „Mann aus dem Volk" – „Erretter Deutschlands" – Deutscher Gruß – Zuruf: „Heil Hitler !"	– Reden – Presse – Rundfunk – Flugblätter, Plakate – Film – Bücher – Fernsehen – Aufmärsche	z. B. Reichsparteitage in Nürnberg: – Marschmusik – Fahnenmeer – Waffenparaden – Tausende von uniformierten Parteimitgliedern – Fackelzüge ...

Die Beseitigung der Arbeitslosigkeit
(Schülerbuch S. 85)

Lehrplanaussagen
LZ 8.7 Deutschland unter nationalsozialistischer Herrschaft und der Zweite Weltkrieg
8.7.2 Verführung und Terror
– Beseitigung der Massenarbeitslosigkeit durch Aufrüstung; sozial-politische Kampagnen (z. B. „Winterhilfswerk", „Kraft durch Freude")

Unterrichtsverlauf
Problemstellung
- Einstieg über Schaubild 85.1: „Rückgang der Arbeitslosigkeit"
- Bewertung; freies Unterrichtsgespräch; Ursachenforschung

Zielangabe: Wie beseitigt Hitler die hohe Arbeitslosigkeit? (AH 27)

Problemerarbeitung
1. Teilziel: Politische Maßnahmen zur Beseitigung der Massenarbeitslosigkeit
- Text Buch S. 85: „Beseitigung der Arbeitslosigkeit"
- Partnerarbeit:
  AA 1: Zeitraum des Rückgangs der Arbeitslosigkeit
  AA 2: Maßnahmen zur Beseitigung der Arbeitslosigkeit
  AA 4: Reichsarbeitsdienst und allgemeine Wehrpflicht
- Vortrag der Ergebnisse; Zusammenschau; Tafelanschrift

2. Teilziel: Sozialpolitische Kampagnen
- Bildbetrachtung: 85.2 und 85.3 --> Winterhilfswerk (Verkauf und Sammlung)

- Text Buch S. 85 rechts oben --> Sozialpolitische Kampagnen
- AA 5 in Stillarbeit: „Die Wirkung der sozialpolitischen Kampagnen auf das Volk"
- Zusammenschau; Tafelanschrift

3. Teilziel: Beseitigung der Massenarbeitslosigkeit durch geheime Aufrüstung
- Schaubild 85.4: „Öffentliche Ausgaben"
- Beurteilung; Vergleich der Daten
- Text Buch S. 85: „Kanonen statt Butter"
- AA 6 und AA 7
- Zusammentragen der Ergebnisse; Tafelanschrift

Problembewertung
- Zusammentragen von Argumenten, warum in dieser Zeit das nationalsozialistische Regime in der deutschen Bevölkerung kaum noch auf Ablehnung stößt
- Kritische Betrachtung zu Goebbels Devise: „Kanonen statt Butter"
- Beurteilung des Gegensatzes: Friedensbeteuerungen <--> Aufrüstung

Hausaufgabe
- Buch S. 85, AA 2: Vergleich der Durchschnittswerte der Tabelle mit aktuellen Arbeitslosenzahlen in der Bundesrepublik Deutschland

Literatur/Medien
- LBS 3204099: Aus den Ansprachen von Goebbels und Hitler zur Eröffnung des Winterhilfswerks (13. Sept. 1933)

Tafelbild

Wie beseitigt Hitler die hohe Arbeitslosigkeit ?

Maßnahmen

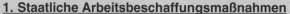

1. Staatliche Arbeitsbeschaffungsmaßnahmen
- Straßenbau (Bau von Autobahnen)
- Wohnungsbau (Förderung des Eigen- heim- und Siedlungsbaus)
- Errichtung von Parteibauten
- Einführung der allgemeinen Wehrpflicht
- Reichsarbeitsdienst (RAD)

2. Sozialpolitische Kampagnen
- *„Kraft durch Freude" (KdF):*
  - Volkswagen
  - Volksempfänger
  - Ferienaufenthalte, Kreuzfahrten
- *Winterhilfswerk:*
  - Verkauf /Sammlungen

Absicht/Ziel

Wiederaufrüstung

Name:_____ Klasse:_____ Blatt:_____

Wie beseitigt Hitler die Massenarbeitslosigkeit ?

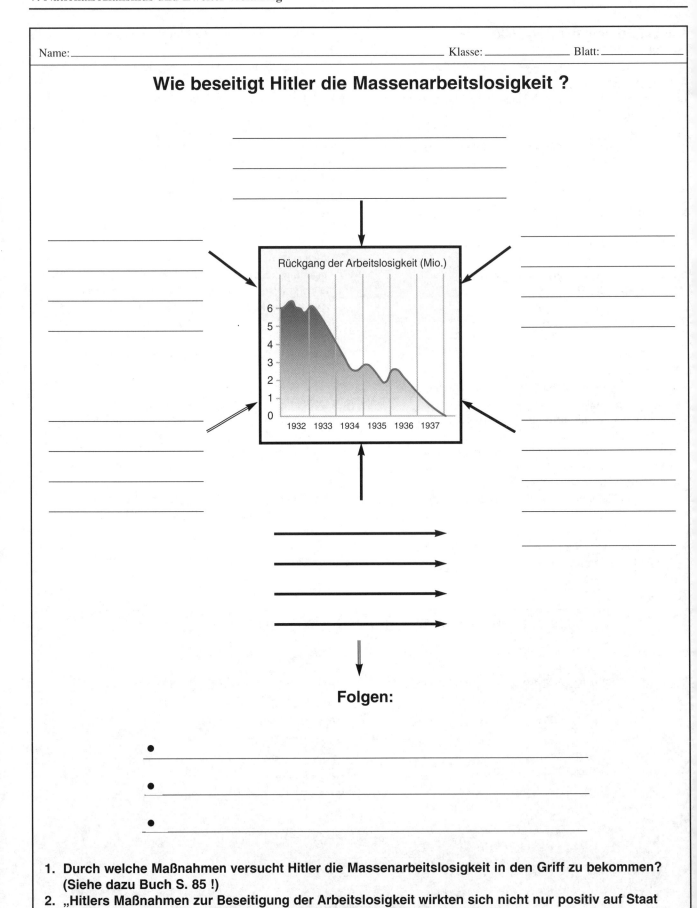

Rückgang der Arbeitslosigkeit (Mio.)

1932 1933 1934 1935 1936 1937

Folgen:

- _____
- _____
- _____

1. Durch welche Maßnahmen versucht Hitler die Massenarbeitslosigkeit in den Griff zu bekommen? (Siehe dazu Buch S. 85 !)
2. „Hitlers Maßnahmen zur Beseitigung der Arbeitslosigkeit wirkten sich nicht nur positiv auf Staat und Bevölkerung aus." Suche Belege für diese Aussage. (Buch S. 85)

Die Revision der Versailler Verträge
(Schülerbuch S. 86)

Lehrplanaussagen
LZ 8.7 Deutschland unter nationalsozialistischer Herrschaft und der Zweite Weltkrieg
8.7.2 Verführung und Terror
– Erfolge bei der Revision des Versailler Vertrages

Unterrichtsverlauf
Problemstellung
- Rückblick: Der Erste Weltkrieg und seine Folgen für Deutschland ---> Versailler Vertrag
- Zusammenfassen der wichtigsten Bestimmungen des Versailler Vertrages
- Wahlplakat von 1938 ---> Bild 86.1
- freie Aussprache

Zielangabe: Die NS-Außenpolitik 1933 - 1936

Problemerarbeitung
1. Teilziel: Die Revision der Versailler Verträge
- Quellentext Buch S. 86 links
- In Partnerarbeit: AA 1 bis AA 3
- Vortrag der Ergebnisse; Zusammenschau; Tafelanschrift

2. Teilziel: Außenpolitische Maßnahmen 1933 - 1936
- Arbeitsteilige Gruppenarbeit:
  Gruppe 1 ---> Der Austritt aus dem Völkerbund
                       Text ; AA 4 und AA 5
  Gruppe 2 ---> Hitler bricht den Versailler Vertrag
                       Text und Bild 86.2; AA 6 und AA 7

- Vortrag der Ergebnisse
- freies Unterrichtsgespräch
- Tafelanschrift

Problembewertung
- Beurteilung und Vergleich:
  Außenpolitische Erklärungen Adolf Hitlers 1933 und tatsächliche Außenpolitik bis 1936;
  Friedensbeteuerungen <---> Politik der vollendeten Tatsachen
- Beurteilung der Frage: „Warum nehmen die Westmächte die Vertragsbrüche Hitlers ohne Weiteres hin ?"

Hausaufgabe
- Eintrag der außenpolitischen Aktionen Hitlers seit 1933 in die Zeitleiste

Literatur/ Medien
Günther van Norden: Dokumente und Berichte aus dem Dritten Reich, Frankfurt/M., 5. Auflage, 1977
Hofer, W.: Der Nationalsozialismus. Dokumente 1933 - 1945. Fischer Taschenbuch Verlag, Frankfurt/M. 1957, S. 167 ff.
Funke, M. (Hrsg.): Hitler, Deutschland und die Mächte. Materialien zur Außenpolitik des Dritten Reiches. Athenäum/Droste Taschenbücher, Kronberg/Düsseldorf 1978, S. 137 ff.

Tafelbild

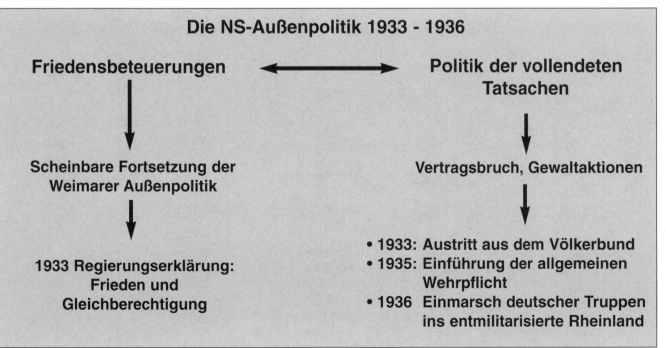

Die NS-Außenpolitik 1933 - 1936

Friedensbeteuerungen ⟷ **Politik der vollendeten Tatsachen**

↓   ↓

Scheinbare Fortsetzung der Weimarer Außenpolitik   **Vertragsbruch, Gewaltaktionen**

↓   ↓

1933 Regierungserklärung: Frieden und Gleichberechtigung

- **1933: Austritt aus dem Völkerbund**
- **1935: Einführung der allgemeinen Wehrpflicht**
- **1936 Einmarsch deutscher Truppen ins entmilitarisierte Rheinland**

SS und Gestapo unterdrücken das Volk
(Schülerbuch S. 87)

Lehrplanaussagen
LZ 8.7 Deutschland unter nationalsozialistischer Herrschaft und der Zweite Weltkrieg
8.7.2 Verführung und Terror
– Apparate und Formen des Terrors (Gestapo, SS, Konzentrationslager)

Unterrichtsverlauf
Problemstellung
- Rückblick: Gleichschaltung (Parteien, Gewerkschaften, Verwaltung)
- Impuls: „Das hätte ich mir nicht gefallen lassen!"
- Schüler beurteilen, konkretisieren, „Widerstand leisten"

Zielangabe: Wie kann Hitler offenen Widerstand eindämmen ?

Problemerarbeitung
1. Teilziel: SS und Gestapo unterdrücken das Volk
- Linker Text Buch S. 87 ---> Erlesen
- AA 1: Die SS als Elite der Nation
- AA 2: Karikatur von A. P. Weber
- AA 3: Das Verhältnis der Bevölkerung zur Geheimen Staatspolizei
- Schüler erarbeiten in Partnerarbeit die einzelnen Arbeitsaufträge
- Gemeinsame Zusammenfassung; Besprechung der Antworten; Tafelanschrift

2. Teilziel: Das NS-Regime errichtet Konzentrationslager
- Quellentext ---> Völkischer Beobachter vom 21.03.1933 über die Errichtung des Konzentrationslagers Dachau (AH 28)
- Bildquelle 87.2: „Bau des Konzentrationslagers Dachau" durch Häftlinge
- AA 4 und AA 5 in Stillarbeit
- Ergebniszusammenfassung; Tafelanschrift

Problembewertung
- Text Buch S. 87 rechts unten
- AA 6: Zusammenstellung von Misshandlungen an Häftlingen
- Kritische Beurteilung der Maßnahmen
- Darstellen von Gründen, warum es äußerst schwierig war, gegen Hitler offenen Widerstand zu leisten

Hausaufgabe
- Beantwortung der Frage: „Welche Gründe/Fakten konnten genügen, um von der Geheimen Staatspolizei heimgesucht und gefangen genommen zu werden?" Suche drei Beispiele und erkläre stichpunktartig!

Literatur/Medien
Konzentrationslager Dachau 1933 - 1945, 1965.
Stein, George H.: Geschichte der Waffen-SS.
Athenäum/Droste Taschenbücher Geschichte, Königstein/Düsseldorf 1978.
Informationen zur politischen Bildung: Der Nationalsozialismus I. Von den Anfängen bis zur Festigung der Macht. 2. Quartal 1996, Bundeszentrale für politische Bildungsarbeit, Bonn.

Tafelbild

Wie kann Hitler offenen Widerstand eindämmen ?

Apparate des Terrors unterdrücken das Volk

SS (= Schutzstaffel)
- Hat Polizeigewalt in Händen
- „Elitetruppe"
- Absoluter Gehorsam und Treue gegenüber dem Führer

Geheime Staatspolizei (Gestapo)
- Verhaftungen und Verhöre
- „Schutzhaft"
- Misshandlungen und Folterungen
- „Spitzelsystem" (Denunziantentum)

Konzentrationslager (z. B. Dachau)
- Willkür der Wachmannschaften
- Karge Ernährung
- Schwerstarbeit
- Strafexerzieren, Arrest, Ausprügeln ...

Name: _____ Klasse: _____ Blatt: _____

Info-Text: Das Leben im Konzentrationslager Dachau

Das Leben als KZ-Häftling begann mit der Einlieferung ins Lager. Die SS machte aus der „Begrüßung" ein grausames Ritual, das die Neuangekommenen in Angst versetzen und ihnen die Rechtlosigkeit ihrer Lage vor Augen führen sollte.

Es hagelte Schläge und Beschimpfungen auf die verwirrten Neuankömmlinge, die letzten Habseligkeiten wurden ihnen abgenommen, dann wurden sie geschoren und in einen gestreiften Drillichanzug gesteckt.

Sie erhielten eine Häftlingsnummer sowie einen farbigen Winkel, der anzeigte, zu welcher Kategorie von Häftlingen sie gehörten; beides musste gut sichtbar auf dem Anzug angebracht werden. Somit begann ihr namenloses Dasein als Ausgestoßene.

Der darauffolgende KZ-Alltag war ausgefüllt mit Arbeit, Hunger, Müdigkeit und Angst vor der Brutalität sadistischer SS-Bewacher. Sehr schnell lernte man den Wert der billigen Arbeitskaft der Häftlinge schätzen und beutete sie rücksichtslos aus.

Innerhalb des Lagerbereichs wurden alle Arten von Handwerksbetrieben, von der Korbflechterei bis zur Kunstschmiede, eingerichtet, die anfänglich dem Lagerkommandanten unterstanden. Als mit dem ständigen Anwachsen der Lager der Umfang der Produktion laufend zunahm, wurden 1938 die „Wirtschaftlichen Unternehmungen der SS" zentral dem SS Verwaltungsamt in Berlin unterstellt.

Ein Teil der Häftlinge wurde für die Bewirtschaftung und den Unterhalt des Lagers benötigt, ein anderer Teil arbeitete unter SS-Bewachung außerhalb des Lagers in sogenannten Außenkommandos am Straßenbau, in Kiesgruben oder bei der Kultivierung des Moors.

Als 1937/38 das Lager erweitert und ausgebaut wurde, mussten die Gefangenen im Laufschritt und oft 7 Tage in der Woche arbeiten. Etwa 1938 begann eine zielstrebige Expansion der SS-Wirtschaftsbetriebe auf wichtige Produktionsgebiete. Die Konzentrationslager Flossenbürg und Mauthausen wurden in unmittelbarer Nähe eines Steinbruchs zur Ausbeutung durch KZ-Häftlinge errichtet.

Im Laufe des Krieges wurde die Arbeitskraft der KZ-Häftlinge immer unentbehrlicher für die deutsche Rüstungsindustrie. Das Netz der Konzentrationslager, das sich allmählich über ganz Mitteleuropa erstreckte, nahm gigantische Ausmaße an. Allein das Lager Dachau hatte neben zahlreichen kleineren 36 große Außenlager, in denen etwa 37 000 Häftlinge nahezu ausschließlich für die Rüstung arbeiteten.

1942 wurde die Inspektion der Konzentrationslager dem SS-Wirtschaftsverwaltungshauptamt eingegliedert, das im Interesse der Rüstung versuchte, gewisse Verbesserungen der Lebensbedingungen in den Konzentrationslagern durchzusetzen, um die hohe Sterblichkeitsquote zu senken.

Gleichzeitig begann jedoch die systematische Tötung der von den Nationalsozialisten als „minderwertig" eingestuften Menschen in den Vernichtungslagern.

Dabei geriet die Zielsetzung, möglichst viele Menschen möglichst schnell und rationell zu töten, in Widerspruch zu dem Vorhaben, den Rüstungsbetrieben möglichst viele Sklavenarbeiter zuzuführen.

Wenn sich auch gegen Kriegsende die Haltung der SS gegenüber den Häftlingen teilweise änderte, so verbesserte sich doch insgesamt gesehen ihre Lage kaum. Sie mussten geschwächt und ausgehungert mindestens 11 Stunden am Tag arbeiten. Dazu kamen der oft weite Weg zum Arbeitsplatz und zurück ins Lager sowie die Abend- und Morgenappelle, so dass viele Gefangenen nur wenige Stunden Schlaf hatten.

Privatfirmen hatten die Möglichkeit, Sklavenarbeiter aus den Konzentrationslagern „auszuleihen". Sie zahlten für die bei ihnen unter SS-Bewachung arbeitenden Häftlinge einen Tagessatz an das SS Wirtschaftsverwaltungshauptamt, der jedoch nie an die Häftlinge weitergeleitet wurde.

Erkrankte Häftlinge wurden zurück ins Hauptlager geschickt, was meistens mit ihrem Todesurteil gleichzusetzen war. Die Firmen erhielten neue, gesündere Arbeitskräfte, bis auch diese den Anforderungen nicht mehr gewachsen waren. Die Arbeitsüberlastung gefährdete die Gesundheit der Häftlinge vor allem im Zusammenhang mit der schlechten Ernährungslage in den Konzentrationslagern. Zwar waren die Gefangenen in der Vorkriegszeit nicht unmittelbar vom Hungertod bedroht, doch im Hinblick auf die von ihnen geforderte Arbeitsleistung waren sie immer viel zu schlecht ernährt. Für die Kantine, in der die Häftlinge in den ersten Jahren für überhöhte Preise einiges kaufen konnten, hatten viele kein Geld.

Der Hunger begann eine zentrale Rolle im Leben der Häftlinge zu spielen, und der Wunsch nach Essen, nach einer reichlichen, nahrhaften Mahlzeit begann sie immer stärker zu beherrschen. Jeden Tag wurde die angespannte Erwartung vor der Essensausgabe beim Anblick der kraftlosen Wassersuppe enttäuscht und das Stück Brot war aufgegessen, bevor das quälende Hungergefühl verschwunden war.

Die Häftlinge betrachteten Brotdiebstahl in ihren Reihen, der unter Umständen den körperlichen Zusammenbruch des Bestohlenen bewirken konnte, als schweren Solidaritätsbruch. Im Laufe der Kriegsjahre wurde die Ernährungssituation in den Lagern immer katastrophaler. Die Folgeerscheinungen waren neben erhöhter Anfälligkeit der Häftlinge für Seuchen und Epidemien das Auftreten von schweren Mangelkrankheiten aller Art. Als das Lager Dachau im April 1945 befreit wurde, kam für viele Häftlinge jede Hilfe zu spät, sie starben an den Folgen des Hungers. Eine weitere Bedrohung für die Häftlinge waren die Strafen, die von der SS verhängt wurden. So hieß es am Anfang der Disziplinar- und Strafordnung, die bereits 1933 erstellt worden war und bis 1945 für alle Lager Gültigkeit behielt: „Toleranz bedeutet Schwäche ... Hütet euch, dass man euch nicht erwischt, man wird euch sonst nach den Hälsen greifen und euch nach eurem eigenen Rezept zum Schweigen bringen"...

Es lag im Ermessen eines jeden SS-Mannes, angebliche Vergehen der Häftlinge festzustellen und es war meist vollkommen unvorhersehbar, was den Zorn eines SS-Mannes erregen und damit eine sogenannte Strafmeldung bewirken würde. Ein abgerissener Knopf an der Jacke oder ein Fleck auf dem Fußboden der Baracke, eine kurze Verschnaufpause bei der Arbeit oder eine falsche Antwort – jeder Häftling hatte stets mit einer möglichen Strafmeldung zu rechnen.

Zu den **häufigsten Strafen** gehörten:
- die **Prügelstrafe**, bei der der Häftling über einen extra dafür angefertigten Block geschnallt wurde und die Schläge des Ochsenziemers laut bis 25 mitzählen musste. Verlor er das Bewusstsein, so wurde die Strafe wiederholt;
- das sogenannte **Baum-** oder **Pfahlhängen,** bei dem der Häftling stundenlang mit auf dem Rücken zusammengebundenen Händen über der Erde schwebend aufgehängt wurde;
- das **Strafstehen**, bei dem der Häftling tagelang bei jedem Wetter unbeweglich auf dem Appellplatz stehen musste;
- individueller oder kollektiver **Essensentzug**;
- die **Arreststrafe** im sogenannten Bunker, dem Lagergefängnis.

Entrechtung und Verfolgung der Juden
(Schülerbuch S. 88)

Lehrplanaussagen
LZ 8.7 Deutschland unter nationalsozialistischer Herrschaft
und der Zweite Weltkrieg
8.7.2 Verführung und Terror
– Entrechtung und Verfolgung der Juden und anderer
Minderheiten; „Euthanasie"

Unterrichtsverlauf
Problemstellung
- Einstieg mit Bild 88.1: „Boykott jüdischer Geschäfte im
  April 1933"
- Bildbeschreibung; Vermutungen der Schüler; freie
  Aussprache

Zielangabe: Die Entrechtung und Verfolgung der Juden
1933 - 1939

Problemerarbeitung
1. Teilziel: Erste Maßnahmen gegenüber den jüdischen
Mitbürgern
- Text Buch S. 88 links oben
- AA 1: Ziele des Boykotts
- AA 2: Beurteilung und Vergleich von Hetzparolen --->
  Zeit des Nationalsozialismus <---> Gegenwart
- Zusammenstellen der Ergebnisse; Tafelanschrift

2. Teilziel: Die Nürnberger Gesetze
- Auszug aus dem Reichsbürgergesetz und dem Gesetz zum
  Schutze des deutschen Blutes und der deutschen Ehre
- AA 3: Zweck/Absicht der beiden Gesetze
- Ergebniszusammenfassung; Beurteilung

3. Teilziel: Ursache und Verlauf der Reichskristallnacht
1938
- Bild 88.2: „Brennende Synagoge in Berlin"
- Vermutungen; Beschreibung
- Text: „Die Reichskristallnacht"
- AA 5: Reaktion der deutschen Bevölkerung
- Freies Unterrichtsgespräch; Tafelanschrift

Problembewertung
- Erarbeiten des Inhalts der „Nürnberger Gesetze" und
  Vergleich mit ihren Auswirkungen
- Diskutieren der Frage, ob ein solcher Rassenhass und sol-
  che Ausschreitungen heute noch möglich wären
- Darstellen, wo es noch Rassengesetze gab - und noch
  gibt, ähnlich den NS-Gesetzen

Ausweitung
- Impuls: „Die Nationalsozialisten gingen nicht nur gegen
  Juden vor"
- Vermutungen: andere Gruppen; Minderheiten …
- Text: „Tötung unwerten Lebens"
- AA 6: Euthanasie-Programm
- Diskussion; freie Aussprache

Weiterführender Arbeitsauftrag (evtl. Hausaufgabe)
- Buch S. 88, AA 4: Erkundung über Ausschreitungen
  gegenüber der jüdischen Bevölkerung in der
  Heimatstadt/-gemeinde

Literatur/Medien
Baruch, Z. Ophir/F. Wiesemann: „Die jüdischen Gemeinden
in Bayern 1918 - 1945". München 1979.
Kochan, Lionel: „Pogrom 10. November 1938"
Wörner, H.-J.: „Rassenwahn - Entrechtung - Mord".
Freiburg 1981.
LBS 3241094: Die Feuerprobe. Novemberprogom 1938
LBS 3241536: Alle Juden raus! (Judenverfolgung)
LBS 4201149: Reichskristallnacht 9./10. November 1938
LBS 1005901: Reichskristallnacht

Tafelbild

Die Entrechtung und Verfolgung der Juden 1933 -1939

Erste Boykottmaßnahmen	Nürnberger Gesetze	Reichskristallnacht

• Gegen: - Jüdische Geschäfte - Ärzte - Rechtsanwälte • Entlassung jüdischer Beamte aus dem Staatsdienst	• Eheverbot mit Ariern • Verlust der vollen Bürgerrechte	• Zerstörung von Synagogen • Verhaftungen, Morde • Enteignungen • Ausschluss aus dem Wirtschaftsleben • Schändungen jüdischer Friedhöfe • Plünderungen und Zerstörungen jüdischer Geschäfte

Vertrauen und Widerstand
(Schülerbuch S. 89)

Lehrplanaussagen
LZ 8.7 Deutschland unter nationalsozialistischer Herrschaft und der Zweite Weltkrieg
8.7.2 Verführung und Terror
– Verhaltensweisen zwischen Zustimmung und Widerstand

Unterrichtsverlauf
Problemstellung
- Wiederholung: „Wahlausgang 1933", dazu Tabelle 89.1
- offenes Unterrichtsgespräch ---> Beurteilung der Wahl (Vgl. der prozentualen Anteile)
- Bildimpuls: Bild 89.2: „Appell politischer Leiter 1934 in Berlin"
- Fazit: „Begeisterung, Zustimmung des Volkes"

Zielangabe: Zustimmung und Widerstand gegenüber dem Nationalsozialismus

Problemerarbeitung
1. Teilziel: Ein Großteil der Bevölkerung stimmt der Politik der Nationalsozialisten zu
- Text: Viele Deutsche vertrauen dem „Führer"
- Buch S. 89, AA 1: Bildbeschreibung ---> Stimmungslage innerhalb der Bevölkerung
- AA 2: Personengruppen, die der Herrschaft der Nationalsozialisten positiv gegenüberstanden
- Zusammentragen der Ergebnisse
- Freies Unterrichtsgespräch; Tafelanschrift

2. Teilziel: Erster Widerstand macht sich breit (Arbeiterschaft, Kirche)
- Partnerarbeit ---> Texte „Widerstand aus der Arbeiterschaft und Widerstand in den Kirchen" mit entsprechenden Quellentexten
- AA 3: Untergrundarbeit verbotener Parteien und Gewerkschaften
- AA 4: Verbot der päpstlichen Enzyklika
- Zusammenfassung der Ergebnisse; offenes Unterrichtsgespräch; Tafelanschrift

Problembewertung
- Herausstellen von Gründen, der nationalsozialistischen Politik zuzustimmen
- Herausfinden und beurteilen der Gründe, aus welchen der Widerstand gegen die Nationalsozialisten erwuchs
- Angeben von Gründen, warum es äußerst schwierig war, gegen Hitler offenen Widerstand zu leisten

Hausaufgabe
- Buch S. 89, AA 5: Informationssammlung über Persönlichkeiten des Widerstands aus der Arbeiterschaft und der Kirche

Literatur/ Medien
Lautemann, W./Schlenke, M. (Hrsg.): „Geschichte in Quellen", Bd. VI: Schönbrunn, G.: Weltkriege und Revolutionen 1914 - 1945, München 1970, S. 343 ff.
FWU 4200554: Arbeiterwiderstand im Dritten Reich
LBS 3204544: Die Mitläufer
LBS 3203901: Evangelische Kirche im Widerstand
LBS 3204484: Dietrich Bonhoeffer - Nachfolge und Kreuz, Widerstand und Galgen

Tafelbild

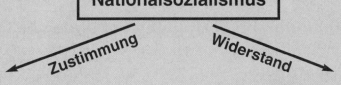

Zustimmung und Widerstand gegenüber dem Nationalsozialismus

Nationalsozialismus

Zustimmung — *Widerstand*

- **Scheinerfolge in der Wirtschaftspolitik**
- **Rascher Abbau der Massenarbeitslosigkeit**
- **Erfolge in der Außenpolitik**
- **Schnelle „berufliche" Aufstiegsmöglichkeiten des Einzelnen durch Eintritt in die NSDAP**

- **Arbeiterschaft / Gewerkschaft:**
  - Illegale Untergrundarbeit
  - Flugblätter, Zeitungen
  - Illegale Rundfunksendungen
  - Aufruf zu Sabotageakten
- **Kirche:**
  - Päpstliche Enzyklika: „Mit brennender Sorge"
  - Pfarrer-Notbund --> Bekennende Kirche unter Pfarrer Niemöller
  - Predigten

Hitlers außenpolitische Ziele
(Schülerbuch S. 90)

Lehrplanaussagen
LZ 8.7 Deutschland unter nationalsozialistischer Herrschaft und der Zweite Weltkrieg
8.7.3 Der Weg in den Krieg und die militärische Expansion in Europa
– Kriegsziele: Hegemonie in Europa, „Lebensraum" im Osten

Unterrichtsverlauf
Problemstellung
- Bildimpuls Schülerbuch S. 90, Abbildung 90.1: Englisches Propagandaplakat, Arbeitsaufträge 1 und 2
- freie Schüleräußerungen: Hitler als Menschenfresser, die Totenschädel sind die einzelnen Länder: z. B.: Polen, Frankreich, Rumänien usw., Hitler will die Länder vernichten, will sich alle „einverleiben", will alle beherrschen

Zielangabe: Welche außenpolitischen Ziele verfolgte Hitler? (TA)

Problemerarbeitung
- Aufteilen der Klasse in drei Gruppen, innerhalb dieser Partnerarbeit

1. Teilziel: Hegemonie in Europa
- Text Schülerbuch S. 90, linke Spalte, dazu Arbeitsauftrag 3

2. Teilziel: „Lebensraum" im Osten
- Quelle Schülerbuch S. 90, rechte Spalte, dazu Arbeitsauftrag 5

3. Teilziel: „Generalplan Ost"
- Quelle Schülerbuch S. 90, rechte Spalte, dazu Arbeitsaufträge 7 und 8

Erarbeiten der 3 Teilziele schrittweise, Auswertung der Ergebnisse im Unterrichtsgespräch, Erarbeitung einer Tafelanschrift

Zusammenfassung
- Rückgriff auf Zielangabe

Problembewertung
- Quellen S. 90, linke Spalte, Arbeitsauftrag 4 und Arbeitsauftrag 6
- Schüler erkennen, dass diese außenpolitischen Ziele nur auf dem Weg der Gewalt, durch „Bluteinsatz", also mit Krieg erreichbar sind, Tafelanschrift

Vertiefung
- Begriffswiederholungen: Revision, Propaganda, Lebensraum, Bluteinsatz, Germanisierung, Evakuierung
- Kartenarbeit: Schüler sollen auf der Karte zeigen können, wohin die deutsche Bevölkerung umgesiedelt werden sollte

Tafelbild

Welche außenpolitischen Ziele verfolgte Hitler?

Hegemonie in Europa

- Veränderung der Grenzen in Europa
- Großdeutsches Reich für alle Deutschen
- Vormachtstellung in Europa
- dann Weltmachtstellung des arischen Herrenvolkes

„Lebensraum" im Osten

- Grund und Boden zur Ansiedelung und Ernährung
- Germanisierung des Ostens, d. h. Umsiedelung der Deutschen in die Gebiete Polens, des Baltikums und Weißrusslands
- Evakuierung der dort lebenden Bevölkerung nach Westsibirien

Diese Ziele waren nur durch Gewalt, also mit Krieg, erreichbar!

Friedensbeteuerung und Aufrüstung
(Schülerbuch S. 91)

Lehrplanaussagen
LZ 8.7 Deutschland unter nationalsozialistischer Herrschaft und der Zweite Weltkrieg
8.7.3 Der Weg in den Krieg und die militärische Expansion in Europa
– Kriegsvorbereitung: Friedensbeteuerung und Aufrüstung

Unterrichtsverlauf
Problemstellung
● Bildimpuls: Buch S. 91/Abbildung 91.1
● freie Schüleräußerungen
● ggf. Hilfsimpuls: Der Karikaturist stellt zwei Seiten von Hitler dar.
● Schüleräußerung: friedlicher Hitler, kriegerischer Hitler…

Zielangabe: Wollte Hitler Frieden oder Krieg? (TA), Schülerhypothesen

Problemerarbeitung
1. Teilziel: Hitlers Friedensbeteuerungen
● Quelle Schülerbuch S. 91: „Friedensrede", Mai 1933
● Buch S. 91 AA 1 und 2: Schüler stellen in Einzelarbeit Hitlers Friedensbeteuerungen zusammen.
● Auswertung der Ergebnisse im Unterrichtsgespräch, Tafelanschrift

2. Teilziel: Hitlers Kriegsvorbereitung
● Schülerbuch S. 91 Text: Hitler bereitet den Krieg vor und rüstet auf, dazu AA 4, Partnerarbeit
● Auswertung im Unterrichtsgespräch, Schüler erklären, wie Hitler den Krieg vorbereitete, Tafelanschrift

3. Teilziel: Hitlers Aufrüstung
● Statistik 91.3 und Bildquelle 91.2, Unterrichtsgespräch
● Schüler erkennen, dass Ausgaben für die Rüstung von 1933-1939 immer mehr stiegen, erklären den Verwendungszweck (Panzer, Granaten, Soldaten, Flugzeuge), Tafelanschrift

Zusammenfassung
● Rückgriff auf Karikatur, Schüler erklären diese

Problembewertung
● Impuls: Arbeitsauftrag 3, Buch Seite 91
● Schüler: Karikaturist glaubte Hitlers Friedensbeteuerungen nicht, Hitler redete nur vom Frieden, dachte aber an Krieg (Tafelanschrift), er täuschte die Menschen, diese glaubten ihm

Aktualisierung
● Impuls: Du weißt, warum die Menschen ihm glaubten
● Schüler nennen Gründe: z. B.: Arbeitslosigkeit, Hoffnungen, Weltwirtschaftskrise, Versprechungen
● Impuls: Auch heute gibt es Menschen, die sich täuschen lassen
● Unterrichtsgespräch über Rechtsradikalismus

Tafelbild

Wollte Hitler Frieden oder Krieg?

Mai 1933

– Respekt vor anderen Völkern
– Friede und Freundschaft
– Verzicht auf Angriffswaffen
– bereit, Nichtangriffspakt beizutreten

1933 – 1939

– in vier Jahren muss Deutschland unabhängig sein (Vierjahresplan und Wehrwirtschaft)
– Rüstungsausgaben stiegen
– Austritt aus dem Völkerbund
– Bruch des Versailler Vertrags

Hitler redete zu den Menschen vom Frieden, dachte aber an Krieg!

Warum brach der Zweite Weltkrieg aus?
(Schülerbuch S. 92 - 94)

Lehrplanaussagen
LZ 8.7 Deutschland unter nationalsozialistischer Herrschaft und der Zweite Weltkrieg
8.7.3 Der Weg in den Krieg und die militärische Expansion in Europa
– das Münchener Abkommen und die Zerschlagung der Tschechoslowakei; Hitler-Stalin-Pakt
– vom Überfall auf Polen **1. September 1939** bis zur Kriegswende bei Stalingrad

Unterrichtsverlauf
1. UZE: Gebietsausweitungen vor Ausbruch des Zweiten Weltkrieges ⇒ Arbeitshilfe 29
2. UZE: Warum brach der Zweite Weltkrieg aus?
3. UZE: Wie verlief der Zweite Weltkrieg? ⇒ Arbeitshilfe 30

Unterrichtsverlauf der 2. UZE
Problemstellung
● Anknüpfung an letzte UZE: Schüler wiederholen Gebietsausweitungen vor Beginn des Krieges
● Karte 93.2, Buch S. 93: Schüler erkennen, dass Deutschland noch weiter seine Macht ausdehnte, Schüler vermuten, wie es dazu kommen konnte

Zielangabe: Warum brach der Zweite Weltkrieg aus? (TA)

Problemerarbeitung
Erarbeitung der 4 Teilziele in arbeitsteiliger Gruppenarbeit

1. Teilziel: Hintergründe des Kriegsausbruchs: Der Hitler-Stalin-Pakt
● Text Hitler-Stalin-Pakt, Buch S. 92, dazu AA 7 und 8
2. Teilziel: Vorwand und Auslöser für den Kriegsbeginn
● Text: Der Überfall auf Polen, Buch S. 93, dazu AA 1
3. Teilziel: Folgen des Kriegsausbruchs
● Text: Der Überfall auf Polen, Buch S. 93
4. Teilziel: Aufteilung Polens
● Kartenarbeit, Buch S. 93, Arbeitsauftrag 2

Problembewertung
● Unterrichtsgespräch: Deutschland ist schuld am 2. Weltkrieg, Hitler wählt einen Vorwand für den Kriegsbeginn, dazu Abbildung 93.1: Polnische Kavallerie, Schüler erkennen, dass Polen nicht vorbereitet war

Vertiefung und Ausweitung
● Karikatur 103.1, Buch S. 103 zum Hitler-Stalin-Pakt, dazu Arbeitsauftrag 1, Unterrichtsgespräch

Medien
3200559 - Hitlers Weg in den Krieg
3200588 - Hitlers Überfall auf Europa
3200589 - Dem Ende entgegen
3210202 - Der Weg in den Zweiten Weltkrieg und sein Ende
4200074 - Stalingrad
4241470 - August 1939: 11 Tage zwischen Frieden und Krieg

Tafelbild

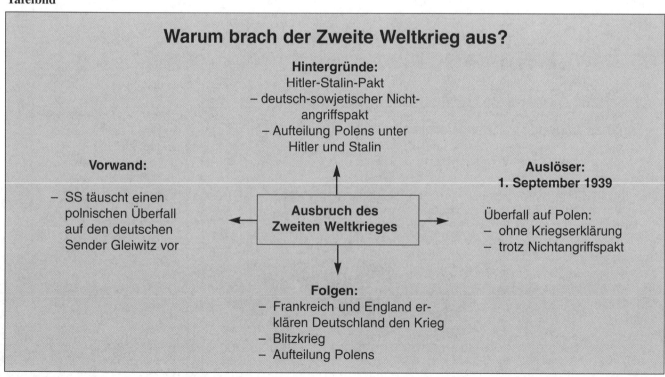

Name:_____ Klasse:_____ Blatt:_____

Gebietsausweitungen vor Ausbruch des Zweiten Weltkrieges

1. Gebietsanschlüsse an das Deutsche Reich bis 1939

Ergänze die angeschlossenen Gebiete in der Karte farbig. Vergleiche dazu Buch S. 92.

2. Verlauf und Gründe der Gebietsausweitungen

Ergänze folgende Lücken. Vergleiche dazu Buch S. 92.

a) Der Anschluss Österreichs

12.3.1938: _____ Ziel: _____

Gründe _____

b) Sudetenkrise, Münchner Abkommen und Zerschlagung der „Rest-Tschechei"

Sudetenkrise: _____

29.9.1938: _____

16.3.1939: _____

Slowakei wird _____

Name:_____ Klasse:_____ Blatt:_____

Wie verlief der Zweite Weltkrieg?

1. Kriegsverlauf 1939 – 1942

Trage zu den besetzten Ländern die betreffende Jahreszahl ein. Vergleiche Buch S. 93/94!

2. Kriegswende

Ergänze folgende Lückentexte. Vergleiche dazu Buch S. 94.

a) Scheitern des _____

Grund:_____ , _____

Kriegswende in _____ dem _____ der Wehrmacht. Die

_____ unter General _____ wurde eingekesselt.

b) Kriegseintritt der _____

Grund: _____ Angriff auf _____

Hitler erklärte _____ den Krieg. Hoffte vergeblich auf Unterstützung der _____

Warum wurden Menschen aus den besetzten Gebieten nach Deutschland zwangsverschleppt?
(Schülerbuch S. 95)

<u>Lehrplanaussagen</u>
LZ 8.7 Deutschland unter nationalsozialistischer Herrschaft und der Zweite Weltkrieg
8.7.4 Totaler Krieg, Völkermord und Widerstand
– Zwangsarbeiter aus den besetzten Gebieten in der deutschen Kriegswirtschaft

<u>Unterrichtsverlauf</u>
Problemstellung
- Impuls: 7 Millionen Menschen wurden während des Zweiten Weltkrieges nach Deutschland zwangsverschleppt
- Begriffsklärung: zwangsverschleppt
- Schülerhypothesen, warum dies geschah

Zielangabe: Warum wurden Menschen aus den besetzten Gebieten nach Deutschland zwangsverschleppt? (TA)

Problemerarbeitung
1. Teilziel: Goebbels Rede: „Totaler Krieg"
- Text Schülerbuch S. 95, Quelle: Goebbels Rede, dazu Arbeitsaufträge 1, 2 und 3
- Schüler bearbeiten in Partnerarbeit
- Auswertung der Ergebnisse im Unterrichsgespräch, Tafelanschrift

2. Teilziel: Zwangsverschleppte Personen als Arbeitssklaven
- Text Schülerbuch S. 95, dazu Arbeitsaufträge 4 und 5
- Schüler erarbeiten in Einzelarbeit
- Auswertung der Ergebnisse im Unterrichtsgespräch, Tafelanschrift

Zusammenfassung
- Rückgriff auf Problemstellung, Schüler wiederholen

Problembewertung
- Unterrichtsgespräch: Bedeutung der Zwangsverschleppung für die einzelnen Menschen: z. B.: Trennung von der Familie, Verlust der Heimat
- Probleme der Eingliederung bzw. Rückführung nach Kriegsende

Vertiefung
- Bildimpulse: Schülerbuch S. 95, Abbildungen 95.1, 95.2 und 95.3
- Schüler äußern sich zu den Bildquellen
- Unterrichtsgespräch über die Zusammensetzung der Zuhörer im Berliner Sportpalast und die rhetorischen Mittel der Rede

Ausweitung
- Buch S. 95, Arbeitsauftrag 6: Oral history
- Befragung von Zeitzeugen mit Kassettenrekorder, Auswertung in der Klasse im darauffolgenden Unterricht

Tafelbild

Warum wurden Menschen aus den besetzten Gebieten nach Deutschland zwangsverschleppt?

Goebbels Rede im Berliner Sportpalast vom 18.2.1943:

↓

„Totaler Krieg"

↓

Herbst 1944: Aufstellung des „**Volkssturms**"

↓

Mangel an Männern in der Kriegswirtschaft war nur teilweise durch Frauen ersetzbar

↓

**Einsatz verschleppter Zwangs- und Fremdarbeiter
(Kriegsgefangene und Zivilpersonen, darunter auch Frauen)
in der deutschen Rüstungsindustrie und Landwirtschaft**

↓

7 Millionen verschleppter Menschen als Arbeitssklaven in der Kriegsrüstung tätig!

Wie wurden die Juden entrechtet und vernichtet?
(Schülerbuch S. 96, 97)

Lehrplanaussagen
LZ 8.7 Deutschland unter nationalsozialistischer Herrschaft und der Zweite Weltkrieg ---> D 8.2.2
8.7.4 Totaler Krieg, Völkermord und Widerstand
– Holocaust: Vernichtung des europäischen Judentums

Unterrichtsverlauf für 3 UZE
Problemstellung
- Anknüpfung an LZ 8.7.2 Entrechtung und Verfolgung der Juden, Schüler wiederholen Vorwissen

Zielangabe: Wie wurden die Juden entrechtet und vernichtet? (TA), Schülerhypothesen

Problemerarbeitung
1. Teilziel: Entrechtung der Juden – Verlust der Bürgerrechte
- Text Buch S. 96, Quelle: Verordnung vom 1.9.1941, dazu Arbeitsauftrag 1
- Bearbeitung in EA, Auswertung im UG, Tafelanschrift

Differenzierung: Arbeitsauftrag 2, Buch S. 96

2. Teilziel: Vernichtung der Juden – „Endlösung"
- Text Buch S. 96, Quelle: Protokoll Wannseekonferenz, dazu Arbeitsaufträge 3 und 4
- Bearbeitung in PA, Auswertung im UG, Tafelanschrift

3. Teilziel: Orte und Vorgang der Vernichtung / Versuche
- Text Buch S. 97, Quelle: Rudolf Höss, dazu AA 1, 2 und 7, Karte 96.2, S. 96, AA 5 und 6, Auswertung im UG

Problembewertung
- Unterrichtsgespräch: Holocaust (Begriffsklärung!), dazu Bildquellen 97.1, 97.2 und Arbeitsaufträge 6 und 8

Vertiefung
- Querverbindung Deutsch 8.2.2: Lesen einer Ganzschrift oder eines Ausschnittes, z. B.:
  – Anne Frank: Das Tagebuch der Anne Frank
  – Aranka Siegal: Weißt du nicht, dass du Jüdin bist?
  – Judith Kerr: Als Hitler das rosa Kaninchen stahl
- oder: AA 3, S. 97: Filme: z. B.: Schindlers Liste

Ausweitung
- AA 3, S. 97: Besuch eines Konzentrationslagers

Medien
3202627 - Buchenwald 1945
3203874 - Die Befreiung von Auschwitz
3210203 - Judenverfolgung
3242083/-84 - Judenverfolgung im NS-Staat, Teil 1/ -2
4200761 - Das Tagebuch der Anne Frank
4244807 - Konzentrationslager Dachau
4201605 - Rettung der Berliner Juden aus der Rosenstraße
4201634 - Die Befreiung von Auschwitz
4201707 - Ein Tag im Warschauer Ghetto

Tafelbild

Wie wurden die Juden entrechtet und vernichtet?

Entrechtung
– Verordnung vom 1.9.1941
Verlust der Bürgerrechte:

Vernichtung
– Massenerschießungen
– Wannseekonferenz 1942:
„Endlösung" der Judenfrage:

– Pflicht, den Judenstern zu tragen
– Verbot, die Wohngemeinde zu verlassen
– Verbot, Orden, Ehrenzeichen und sonstige Abzeichen zu tragen

– Ghettos
– Deportation nach Osten in Vernichtungslager
– Selektion:

Gaskammer   Versuche   Schwerstarbeit

Massenmord an 6 Millionen europäischer Juden!

Wer leistete Widerstand im Dritten Reich?
(Schülerbuch S. 98)

Lehrplanaussagen
LZ 8.7 Deutschland unter nationalsozialistischer Herrschaft und der Zweite Weltkrieg ---> D 8.2.2
8.7.4 Totaler Krieg, Völkermord und Widerstand – Widerstand in Deutschland, u. a. **20. Juli 1944**, Weiße Rose

Unterrichtsverlauf
Problemstellung
- Bildimpuls: Buch S. 98, Abbildungen 98.1: Die Geschwister Scholl und 98.2: „Wolfsschanze" nach dem Bombenattentat auf Hitler
- freie Schüleräußerungen, sammeln des Vorwissens der Schüler: Wiederholung: Widerstand aus der Arbeiterschaft und in den Kirchen, vgl. dazu Buch S. 89

Zielangabe: Wer leistete Widerstand im Dritten Reich? (TA), Schülerhypothesen

Problemerarbeitung
Aufteilen der Klasse in zwei Gruppen, innerhalb dieser Gruppen Partnerarbeit

1. Teilziel: Widerstand bei Studenten – Die Weiße Rose
- Text Buch S. 98 sowie Quellentext: Flugblatt, dazu Arbeitsaufträge 1, 2 und 5

2. Teilziel: Widerstand im Militär – Das Attentat vom 20. Juli 1944
- Text Buch S. 98, dazu Arbeitsaufträge 3 und 5

Differenzierung: Teilziel 3: Der Kreisauer Kreis
- Text Buch S. 98, dazu Arbeitsauftrag 5

Schüler bearbeiten, Auswertung der Arbeitsaufträge im Unterrichtsgespräch, Tafelanschrift

Problembewertung
- Unterrichtsgespräch über die zu erwartenden Folgen bei Widerstandsversuchen: Verhöre, Folterungen, KZ, Todesurteile durch den Volksgerichtshof unter Präsident Roland Freisler, dazu Arbeitsauftrag 4: Deutschland ist kein Rechsstaat mehr. Ziel aller: Rechtsstaatlichkeit! TA

Vertiefung
- Arbeitsauftrag 6: Gründe sammeln, warum nicht mehr Menschen Widerstand leisteten, Unterrichtsgespräch

Ausweitung
- Querverbindung Deutsch LZ 8.2.2: Lesen einer Ganzschrift oder eines Ausschnittes, z. B.:
– Inge Scholl: Die weiße Rose
– Hermann Vinke: Das kurze Leben der Sophie Scholl
– Harald Roth: Widerstand – Jugend gegen Nazis

Medien
3203375 - Widerstand gegen Hitler, 20. Juli 1944
4201856 - Widerstand gegen Hitler
4243872 - Die Weiße Rose

Tafelbild

Wer leistete Widerstand im Dritten Reich?		
Personen	**Motive**	**Widerstandsformen**
Widerstand bei Studenten: Die Weiße Rose: Geschwister Scholl u. a. →	das Unrechtsregime der sinnlose Krieg →	Verteilung von Flugblättern
Widerstand im Militär: Graf von Stauffenberg u. a →	der totale Krieg das sinnlose Sterben →	Bombenattentat vom 20. Juli 1944
Kreisauer Kreis: Graf von Moltke u. a. →	Hitlerdiktatur →	Geheime Tagungen Entwurf von Plänen für die Gesellschaft nach der Diktatur

Ziel aller Widerstandsgruppen: Wiederherstellung des Rechtsstaates!

Der Sieg der Alliierten und die Befreiung vom Nationalsozialismus
(Schülerbuch S. 99)

Lehrplanaussagen
LZ 8.7 Deutschland unter nationalsozialistischer Herrschaft und der Zweite Weltkrieg
8.7.5 Der Sieg der Alliierten und die Befreiung vom Nationalsozialismus
– Entstehung und Kriegsziele der „Anti-Hitler-Koalition"

Unterrichtsverlauf
Problemstellung
- Einstieg: Bildimpuls 99.1: „Die großen Drei in Jalta"
- Impuls: „Die großen Drei sehen Hitler nicht tatenlos zu"
- Vermuten ---> Zusammenschluss, Zusammenarbeit

Zielangabe: Welche Maßnahmen treffen Deutschlands Kriegsgegner?

Problemerarbeitung
1. Teilziel: Deutschlands Gegner verbünden sich
- Text S. 99 linke Spalte
- AA 1: „Die Anti-Hitler-Koalition"
- AA 2: Forderungen der Atlantik-Charta
- Offenes Unterrichtsgespräch; Zusammenfassung der Ergebnisse; Tafelanschrift

2. Teilziel: Die Kriegskonferenzen der Alliierten
- Erlesen: Text und Quellentext Buch S. 99 rechte Spalte

- Partnerarbeit:
  – AA 4 : Forderung nach bedingungsloser Kapitulation
  – AA 5: Die Kriegsziele der Alliierten
  – AA 6: Auswirkungen für Deutschland und seine Bevölkerung
- Zusammenfassung und Vergleich der Ergebnisse; Tafelanschrift

Problembewertung
- Konkretisierung der wichtigsten Kriegsziele und ihre Bedeutung für ein besiegtes Deutschland aufzeigen
- Beurteilung der Kriegsziele der Alliierten im Hinblick auf den Durchhaltewillen der deutschen Bevölkerung während des Krieges

Weiterführende Projektarbeit
- Buch S. 99, AA 3: Die Vereinten Nationen
  – Erstellen einer Informationswand mit den wichtigsten Angaben zu den Vereinten Nationen (---> Entstehung, Mitgliederstaaten, Organisationen ...)

Literaturhinweise
Bayer, Ingeborg (Hrsg.): Ehe alles Legende wird. Das Dritte Reich in Erzählungen, Dokumenten, Berichten, Signal Verlag, Baden-Baden, 2. Auflage 1981
Größl, Wolf-Rüdiger/ Herrmann Harald: Stundenblätter Das Dritte Reich - Beispiel eines faschistischen Staates, Klett Vlg., Stuttgart 1981
Broszat, Martin/Frei, Norbert (Hrsg.): „Das Dritte Reich im Überblick. Chronik - Ereignisse - Zusammenhänge, München 1990

Tafelbild

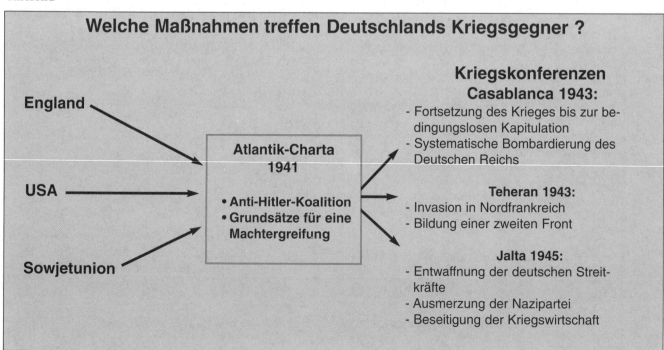

Die Problematik des Bombenkriegs
(Schülerbuch S. 100)

Lehrplanaussagen
LZ 8.7 Deutschland unter nationalsozialistischer Herrschaft und der Zweite Weltkrieg
8.7.5 Der Sieg der Alliierten und die Befreiung vom Nationalsozialismus
– die Problematik des Bombenkriegs

Unterrichtsverlauf
Problemstellung
- Einstieg über Bildbetrachtung:
  - Bild 100.1: „Überlebende nach einem Bombenangriff"
  - Bild 100.2: „Die Stadt Würzburg nach einem Bombenangriff (Alternativ: Folie mit von Luftangriffen zerstörten deutschen Städten, z. B. Berlin, Hamburg, Köln ...)
- Bildbeschreibung durch die Schüler
- Impuls: „Die Front hat sich verschoben"
- Spontanäußerungen der Schüler: „Die Zivilbevölkerung wird in den Krieg mit hineingezogen; Leiden der Bevölkerung durch Luftangriffe ..."

Zielangabe: Wie wirkt sich der Bombenkrieg auf die Zivilbevölkerung aus?

Problemerarbeitung
1. Teilziel: Der Luftkrieg über Europa
- Text Buch S. 100 linke Spalte: „Wir werden ihre Städte ausradieren"
- AA 1: Bildbetrachtung „Luftangriff"
- AA 2: Ziel und Zweck der Bombardierungen
- Zusammenschau der Ergebnisse; Tafelanschrift

2. Teilziel: Die Leiden der Zivilbevölkerung durch den Bombenkrieg
- Text S. 100 ---> 1000-Bomber Angriff
- Quellentext: „Fliegeralarm"
- AA 3: Erschließung der Textquelle --> Die Schrecken eines Luftangriffes
- Zusammenschau der Ergebnisse mit anschließender Diskussion über Sinn und Absicht von Bombardierungen
- Tafelanschrift

Problembewertung
- Konkretisierung der Frage: „Welche Personen haben vor allem unter den Auswirkungen des Luftkrieges zu leiden ?"
- Auswirkungen des Krieges auf die Zivilbevölkerung in heutigen Kriegen beurteilen
- Querverbindung zu Deutsch: Gedicht „Über einige Davongekommene" von Günter Kunert
- Auswirkungen des Luftkrieges auf die Gegenwart überlegen (z. B. Städtebau)

Hausaufgabe
- AA 4: Fotografien und Dokumente (Bilder, Textquellen) sammeln über Zerstörungen der Heimatorte und -gemeinden durch Luftangriffe

Medien
FWU 3200589 - Dem Ende entgegen
LBS 4242951 - Feuersturm (Luftangriff auf Hamburg)
LBS 1006123 - Würzburg im Dritten Reich - Das zerstörte Würzburg

Tafelbild

Wie wirkt sich der Bombenkrieg auf die Zivilbevölkerung aus?

1. „Wir werden ihre Städte ausradieren"

Ab 1939 ---> Deutsche Luftwaffe ist den feindlichen Luftstreitkräften zunächst überlegen

Bombardierung feindlicher Städte: Warschau, Rotterdam, London

2. Die Gegner schlagen zurück

Ab 1941 ---> Erste britische Großangriffe auf deutsche Städte: Köln, Essen, Lübeck

Ab 1942 ---> 1000-Bomber Angriffe u. a. auf Hamburg, Köln Berlin

Die Zivilbevölkerung leidet ---> Verwundung, Tod, Obdachlosigkeit, Hunger
Mit der Bombardierung der von Flüchtlingen übervölkerten Stadt Dresden
(13./14.2.1945) erreicht der Bombenkrieg seinen traurigen Höhepunkt

Die bedingungslose Kapitulation 1945
(Schülerbuch S. 101)

Lehrplanaussagen
LZ 8.7 Deutschland unter nationalsozialistischer Herrschaft und der Zweite Weltkrieg
8.7.5 Der Sieg der Alliierten und die Befreiung vom Nationalsozialismus
- die bedingungslose Kapitulation (**1945**)

Unterrichtsverlauf
Problemstellung
- Einstieg über Bild 101.2: „Unterzeichnung der bedingungslosen Kapitulation der deutschen Wehrmacht durch Generalfeldmarschall Keitel"
- Bildbeschreibung; Vermutungen anstellen über die Kriegsereignisse vor der Kapitulation

Zielangabe: Wie kam es zur bedingungslosen Kapitulation 1945?

Problemerarbeitung
1. Teilziel: Der Kriegsverlauf 1943 - 1945
- Arbeitsgleiche Gruppenarbeit:
  – Karte 101.1: „Invasionen und Offensiven der alliierten Streitkräfte 1943-1945"
  – Tabelle: „Zusammenstellung des Kriegsverlaufs 1943-1945"
  – AA 1: Kartenvergleich Abb. 93.2 mit Abb. 101.1
  – AA 2: Erarbeitung einer Zeitleiste über die Ereignisse des Zweiten Weltkrieges (hier: 1943 - 1945)
- Vorstellen und Vergleich der einzelnen Gruppenergebnisse

- Offenes Unterrichtsgespräch; Festigung des Erarbeiteten an der Tafel

2. Teilziel: Vom „totalen Krieg" zur bedingungslosen Kapitulation
- Text Buch S. 101 linke Spalte
- AA 3: „Totaler Krieg"
- AA 4: Begriffsklärung ---> „bedingungslose Kapitulation"
- AA 5: Bedeutung des 8. Mai 1945 für die Bevölkerung der am Krieg beteiligten Staaten
- Zusammenschau der Ergebnisse

Problembewertung/ Sicherung
- Gegenüberstellung in einer Diskussionsrunde: Die Ziele Adolf Hitlers vor Beginn des Krieges und reale Situation im Jahre 1945
- Bewertung der Problematik: Der Chef der Wehrmacht unterzeichnet die bedingungslose Kapitulation ---> Es folgt kein Friedensvertrag
- Eintrag der Kriegsereignisse 1933 - 1945 (bis 8. Mai 1945) in die Zeitleiste (evtl. Arbeit am Geschichtsfries ---> Bilder, Karten, Daten ...)

Hausaufgabe
- Befragung älterer Personen, wie sie den 8. Mai 1945 (Tag der bedingungslosen Kapitulation) empfunden haben ---> Interview

Medien/ Jugendbuch
- LBS 3241450: Der Krieg ist aus
- Nöstlinger, Christine: Maikäfer flieg. Mein Vater, das Kriegsende, Cohn und ich. dtv junior 7804

Tafelbild

Wie kam es zur bedingungslosen Kapitulation 1945 ?

1943:

Januar:	Kapitulation der 6. Armee in Stalingrad
Mai:	Kapitulation der deutschen Truppen in Afrika
Juli:	Britisch-amerikanische Landung in Italien

1944:

| 6. Juni: | Invasion der westlichen Alliierten in der Normandie |
| Juni: | Russische Sommeroffensive |

1945:

| Januar: | Vorstoß russischer Truppen ins deutsche Reichsgebiet |
| April: | Zusammentreffen amerikanischer und sowjetischer Truppen bei Torgau an der Elbe |

8. Mai 1945:

Bedingungslose Kapitulation der deutschen Wehrmacht

Der Krieg ist zu Ende

Flucht und Vertreibung der Deutschen
(Schülerbuch S. 102)

Lehrplanaussagen
LZ 8.7 Deutschland unter nationalsozialistischer Herrschaft und der Zweite Weltkrieg
8.7.5 Der Sieg der Alliierten und die Befreiung vom Nationalsozialismus
– Flucht und Vertreibung

Unterrichtsverlauf
Problemstellung
- Wiederholung der letzten Unterrichtsstunde ---> hier: Die russische Armee erreicht deutsches Reichsgebiet (Januar 1945)
- Provokationsimpuls: „Die deutsche Bevölkerung begrüßt die Rote Armee sicherlich als Befreier vom NS-Regime"
- Vermutungen; Aktualisierung des Vorwissens der Schüler
- Bildimpuls: Abb. 102.1: Flüchtlingstrecks fliehen vor der Roten Armee
- Beschreibung des Bildes: Flucht mit Hab und Gut

Zielangabe: Flucht und Vertreibung aus den Ostgebieten

Problemerarbeitung
1. Teilziel: Die Fluchtbewegung aus den Ostgebieten
- Text Buch S. 102 linke Spalte
- AA 1: Flucht aus der Heimat ---> Gründe
- AA 2: Probleme und Schwierigkeiten innerhalb der Flüchtlingstrecks
- AA 3: Vergleich Bildquelle <---> Erzählung
- Zusammentragen der gefundenen Lösungen/Ergebnisse
- Beurteilung der Erzählung; Tafelanschrift

2. Teilziel: Vertreibung aus den deutschen Volksgebieten
- Text Buch S. 102 ---> „Deutsche werden aus ihrer Heimat vertrieben"
- AA 4: Gewaltsame Vertreibung der deutschen Bevölkerung
- Zusammenfassung; Beurteilung
- Tafelanschrift

Problembewertung
- Diskussion: Die Lage der Flüchtlinge und Heimatvertriebenen nach der Ankunft (Versorgung, Quartiere ...)
- Karte 102.2 beschreiben und auswerten
- Auswerten von Augenzeugenberichten, z. B. Erzählung Buch S. 102 links (oder ähnliche Quellen; siehe dazu Literaturhinweis unten)

Weiterführende Projektarbeit
- AA 5: Flucht und Vertreibung aus den Ostgebieten
  - Erkunden der Heimatgebiete (Karte 102.2)
  - Aufnahme der Flüchtlinge und Heimatvertriebenen (Bundesländer, Städte, Gemeinden)
  - Befragung und Erkundung: Flüchtlinge und Heimatvertriebene in Bayern (Woher stammen sie? Wer nahm sie auf? Entstanden durch sie neue Ansiedelungen? ...)
  - Erstellen einer Informationswand (Karten, Bilder, Interviews, Zeitungsberichte ...)

Literaturhinweise/Medien
Mühlfenzl, Rudolf (Hrsg.): Geflohen und vertrieben. Augenzeugen berichten. Königstein/Ts., Athenäum 1981
LBS 2202956: Flucht aus der Heimat - April 1945

Tafelbild

Flucht und Vertreibung aus den Ostgebieten

1. Die Flucht aus den Ostgebieten

Vorstoß der roten Armee ins Deutsche Reichsgebiet

↓

Etwa 17 Mio. Deutsche im Osten und Südosten Europas

↓

Hastige und überstürzte Fluchtbewegung aus Pommern, Ostpreußen und Schlesien:
- Überfüllte Züge, Pferd und Wagen, Handkarren, geringes Hab und Gut
- Klirrende Kälte, Erschöpfung, Hunger, Tod

2. Die deutsche Bevölkerung wird aus ihrer Heimat vertrieben

Beschluss der Siegermächte: Überführung der deutschen Bevölkerung, die in Polen, der Tschechoslowakei und in Ungarn geblieben waren, nach Deutschland ---> „Geregelte Ausweisung"

„Wilde Vertreibung": Gewaltsame Vertreibungen in den polnisch besetzten Ostgebieten und im Sudetenland

↓

**11,7 Millionen Deutsche vertrieben
2,8 Millionen bei der Vertreibung vermisst oder ums Leben gekommen**

Name:_____ Klasse:_____ Blatt:_____

Flucht und Vertreibung aus den Ostgebieten

0	200 km
—	Grenze des Deutschen Reiches von 1937

Amsterdam
Brüssel
Paris
Bern
Berlin
Warschau
Prag
Wien
Budapest
Belgrad

Gründe für die Vertreibung:

_____

_____

_____

_____

Probleme der Flüchtlinge und Heimatvertriebenen:

_____

_____

_____

_____

Flüchtlingsstrom aus den Ostgebieten:

Pommern und Ostbrandenburg	1,9 Millionen
Schlesien	3,2 Millionen
Ostpreußen	2,0 Millionen
Sudetenland	3,0 Millionen
Polen	0,7 Millionen
	10,8 Millionen

1. Trage die Namen der einzelnen Ostgebiete (siehe oben) in die Karte ein.
2. Übertrage die Zahlen der Flüchtlinge und Heimatvertriebenen in die Karte (Kästchen).
3. Suche Probleme, mit denen die Flüchtlinge und Heimatvertriebenen zu kämpfen hatten (Buch S. 102)
4. Was veranlasste, z. B. die Tschechen, die Sudetendeutschen zu vertreiben ?

Lösungsvorschläge
„Jetzt bin ich fit"
(Schülerbuch S. 103)

Nationalsozialismus und Zweiter Weltkrieg

1. Erkläre die obige Karikatur einer Londoner Zeitung zum Hitler-Stalin-Pakt.
Am 23.4.1939 schlossen Hitler und Stalin einen deutsch-sowjetischen Nichtangriffspakt. Dieser erstaunte die ganze Welt, da Stalin für Hitler bislang der „Weltfeind Nummer 1" war. Die gegenseitige Missachtung drückt die Karikatur aus, da sich Stalin und Hitler gegenseitig äußerst negativ anreden. Sie ziehen jedoch den Hut voreinander und sind höflich zueinander, da sie ein gemeinsames Ziel haben, nämlich Polen. Im geheimen Zusatzprotokoll des Pakts ist die Aufteilung Polens (deshalb Leiche Polen) zwischen beiden vorgesehen. Somit war klar, dass Hitler bei einem Überfall auf Polen Stalin auf seiner Seite gegen England und Frankreich haben würde.

2. Ordne folgenden Ereignissen die richtige Jahreszahl zu.

A) ---> **1936**   Einmarsch ins Rheinland
B) ---> **1938**   Reichskristallnacht
C) ---> **1944**   Attentat auf Hitler
D) ---> **1933**   Hitler wird Reichskanzler
E) ---> **1945**   Ende des Zweiten Weltkriegs
F) ---> **1938**   Einmarsch in Österreich
G) ---> **1935**   Einführung der allgemeinen Wehrpflicht
H) ---> **1943**   Die Niederlage von Stalingrad
I) ---> **1933**   Austritt aus dem Völkerbund

3. Lege eine Zeitleiste zu den wichtigsten Ereignissen des Dritten Reiches an und klebe Bildmaterial dazu.
Vergleiche dazu Arbeitsauftrag 2.

4. Wähle ein Ereignis aus und halte ein Referat dazu.
Vorschläge:
- Hitlers Machtergreifung
- Die Errichtung der Diktatur
- Propaganda und Terror im Dritten Reich
- Gebietsausweitungen vor Kriegsausbruch
- Der Kriegsverlauf
- Die Judenverfolgung
- Zwangsarbeiter in der deutschen Kriegswirtschaft
- Widerstand im Dritten Reich
- Die Kapitulation Deutschlands und ihre Folgen
- Flucht und Vertreibung

5. Überprüfe dein Wissen!
- *Wie kam Hitler an die Macht?*
Bei den Wahlen 1932 ging die NSDAP als stärkste Partei hervor, deshalb beanspruchte Hitler das Amt des Reichs-kanzlers. 30.1.1933: Tag der Machtergreifung, der greise Reichspräsident von Hindenburg ernannte Hitler zum Reichskanzler. Damit kam Hitler legal, das heißt rechtmäßig an die Macht. In der Garnisonskirche zu Potsdam leistete er am 21.3.1933 den Eid auf die Weimarer Reichsverfassung. Seine Regierung bestand aus 8 Nichtnationalsozialisten und 3 Nationalsozialisten.

- *Wie beseitigte Hitler die Demokratie?*
⇒1. Notverordnung vom 4.2.1933: Aufhebung der Presse-, Koalitions- und Versammlungsfreiheit
⇒2. Notverordnung "Zum Schutz von Volk und Staat": Aufhebung der Grundrechte: z. B.: Unverletzlichkeit der Wohnung, Brief- und Postgeheimnis, freie Meinungs-äußerung
⇒Ermächtigungsgesetz: Reichsregierung kann jetzt Gesetze erlassen, diese können von der Verfassung abweichen, damit Beseitigung der parlamentarischen Demokratie
⇒Gleichschaltung der Parteien: Verbot der anderen Parteien, es gibt nur noch die NSDAP
⇒Gleichschaltung der Medien: Zensur
⇒Gleichschaltung der Länder: Beseitigung der eigenständigen Länderregierungen, jetzt Zentralstaat
⇒Gleichschaltung der Verwaltung: durch „zuverlässige" Beamte
⇒Beseitigung der Gewerkschaften: es gibt nur noch die DAF
⇒Gleichschaltung des geistigen Lebens und der Kultur

- *Welche Kriegsziele verfolgte Hitler?*
⇒ Hegemonie in Europa: Hitlers Ziel war es, die bestehenden Grenzen in Europa zu verändern. Er wollte ein Groß-deutsches Reich für alle Deutschen schaffen. Für dieses Reich wollte er erst eine Vormachtstellung in Europa und dann eine Weltmachtstellung erlangen.
⇒ „Lebensraum" im Osten: Hitler wollte Grund und Boden zur Ansiedelung und Ernährung des deutschen Volkes schaffen. Dies wollte er durch die Germanisierung des Ostens erreichen. Hierzu sollten Deutsche in die Gebiete Polens, des Baltikums und Weißrusslands umgesiedelt werden. Die dort lebende Bevölkerung wollte er deshalb nach Westsibirien evakuieren.
Beide Ziele waren nur durch Krieg erreichbar!

- *Erkläre den Begriff Holocaust.*
Englisch-amerikanische Bezeichnung für Vernichtung durch Verbrennen, besonders die Judenvernichtung während des Nationalsozialismus (griech.: holos „ganz, völlig" und kausis „das Verbrennen")

- *Wer leistete Widerstand gegen den Nationalsozialismus?*
⇒Studenten: Weiße Rose, Geschwister Scholl, Flugblätter
⇒Militär: Graf von Stauffenberg, Attentat vom 20. Juli 44
⇒Kreisauer Kreis: Graf von Moltke, geheime Tagungen
⇒Arbeiterschaft: Sozialdemokraten, Kommunisten, Flugblätter, Zeitungen, Sabotageakte

⇒Kirchen: Alfred Delp, Rupert Mayer, Martin Niemöller, Predigten, päpstliche Enzyklika „Mit brennender Sorge"

● *Lege eine Tabelle mit den wichtigsten Daten zum Kriegsverlauf an.*

1939: Polen	1941/42: Afrikafeldzug
1940: Norwegen, Dänemark	1941: Balkan
1940: Westfeldzug: Benelux-Staaten, Frankreich	1943: Wende in Stalingrad Rückzug an allen Fronten
1940: Luftschlacht England	1944: Landung der Alliierten
1941: Russlandfeldzug	8.5.1945: Kapitulation

Jetzt bin ich fit!
(Schülerbuch S. 103)

6. Welche Absicht verband die nationalsozialistische Propaganda mit der Veröffentlichung dieses Plakates? Schildere den Verlauf der Judenverfolgung von den Anfängen bis zur Endlösung.

– Die Nationalsozialisten stellen mit diesem Plakat den „Juden" als Drahtzieher des Krieges dar, der im Hintergrund die Fäden in der Hand hält, das heißt die Kriegsgegner des Deutschen Reiches (England, USA und Russland) unterstützt. Dem Betrachtenden wird suggeriert, dass das Judentum der Hauptgegner des Deutschen Reiches ist, der die Alliierten unterwandert und den Krieg angezettelt hat.

Verlauf:

1933:
- öffentliche Judenhetze durch SA und SS
- Boykott jüdischer Geschäfte
- Entlassung jüdischer Beamter

1935: *Nürnberger Gesetze* :
- Reichsbürger sind nur Staatsbürger mit deutschem Blut
- „Deutsche" mit jüdischen Eltern sind Nichtarier oder Halbjuden
- Ehen und Geschlechtsverkehr zwischen Deutschen und Juden sind verboten (Haftstrafe!)

1938: *„Reichskristallnacht"* (9./10. November)
- Brandstiftung in Synagogen
- Plünderung und Zerstörung von jüdischen Geschäften
- Schändung jüdischer Friedhöfe
- Verhaftung und Misshandlung von Juden

1939: *Verbote für Juden:*
- Verbot Geschäfte zu führen
- Berufsverbot für Ärzte, Rechtsanwälte ...
- Schulverbot für Kinder
- Ausgehverbot ab 20 Uhr
- Radioverbot
- Besuchsverbot in Theatern, Kinos, Bädern ...

1941: Jeder Jude musste in der Öffentlichkeit einen gelben Judenstern (Davidstern) tragen.

1942 – 1945: *„Endlösung der Judenfrage"*
In den Konzentrationslagern (Auschwitz, Treblinka, Dachau, Buchenwald ...) werden ca. 6 Millionen Juden ermordet.

Name: _____ Klasse: _____ Blatt: _____

Finanzkreislauf in Städten und Gemeinden

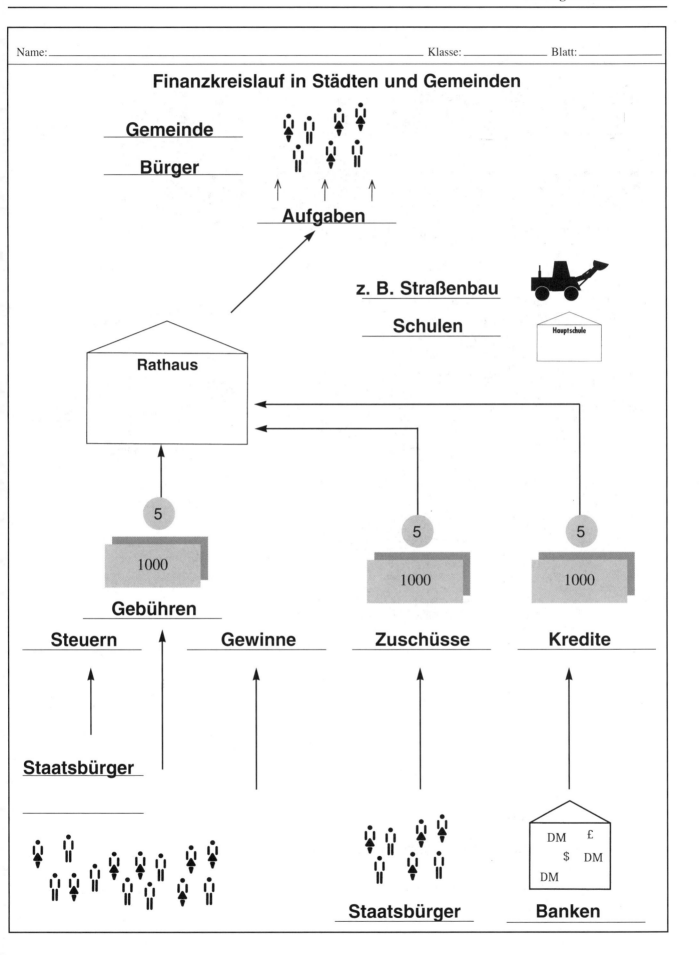

Gemeinde

Bürger

Aufgaben

z. B. Straßenbau

Schulen

Rathaus

5

1000

Gebühren

Steuern   Gewinne   Zuschüsse   Kredite

Staatsbürger

5   5

1000   1000

Staatsbürger   Banken

119

Name:_____ Klasse:_____ Blatt:_____

Trotz Sparkurs – Stadt macht Rekordschulden

Die neue Minus-Marke: 3,35 Milliarden

Von Alois Segerer

München – Den Finanz-Jongleuren im Rathaus geht's wie vielen Münchnern: Sie können sparen wie sie wollen, trotzdem wachsen ihnen die Schulden über den Kopf. 300 Millionen Mark strich die rot-grüne Rotstift-Truppe aus dem nächsten Jahresetat. Um aber über die Runden zu kommen, muß die Stadt immer noch 400 Millionen pumpen. So tief stand sie noch nie in der Kreide.

Der Schuldenberg der Stadt erreicht die neue Rekordhöhe von 3,35 Milliarden Mark. Das heißt: Jeder Münchner ist via Rathaus mit 2732 Mark im Minus. Allein für Zinsen und Tilgung muß die Stadt im nächsten Jahr knapp 400 Millionen Mark berappen.

Trotz Sparkurs steigen die Ausgaben gegenüber heuer um 5,5 Prozent auf 7,5 Milliarden Mark. Und das sind die größten Geldschlucker: Das Rathaus-Personal, rund 40 000 Mitarbeiter, schlägt mit zwei Milliarden zu Buche. In den letzten zehn Jahren wuchs dieser Betrag um 65 Prozent. Mehr als verdoppelt hat sich im gleichen Zeitraum der Aufwand für Material und Betrieb, er liegt ebenfalls bei zwei Milliarden Mark. Knapp eine Milliarde gibt die Stadt an Zuschüssen aus, insbesondere im sozialen Bereich. 1,3 Milliarden Mark werden im nächsten Jahr investiert.

Auch wenn die Stadt so noch einmal mit einem blauen Auge davonkommt, für die Zukunft sieht OB Georg Kronawitter schwarz: „Die Schere zwischen Einnahmen und Ausgaben öffnet sich immer weiter." Kronawitter will deshalb zusammen mit OB-Kollegen aus Nürnberg, Würzburg und Regensburg eine Protest-Front der großen bayerischen Städte bilden, die notfalls den Freistaat auf mehr Geld verklagt.

Quelle: Abendzeitung München, Nr. 277 v. 30.11.1991)

Haushalt

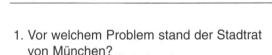

1. Vor welchem Problem stand der Stadtrat von München?

Der Schuldenberg wächst weiter.

2. Wie versuchte man es zu lösen?

Der Stadtrat versucht durch Haushaltskürzungen die Ausgaben zu senken.

3. Wie viel Geld musste sich die Stadt leihen, um ihren Haushalt auszugleichen?

3, 35 Milliarden Mark

4. Welche drei Hauptaufgaben der Stadt nennt der Artikel?

Stadtverwaltung (durch Rathauspersonal)

Aufwand fütr Material und Betrieb, sozialer Bereich

5. Wer sollte bei den Geldproblemen der großen bayerischen Städte helfen?

Der Freistaat Bayern

Name: _____ Klasse: _____ Blatt: _____

Gemeinderat und Bürgermeister arbeiten zusammen

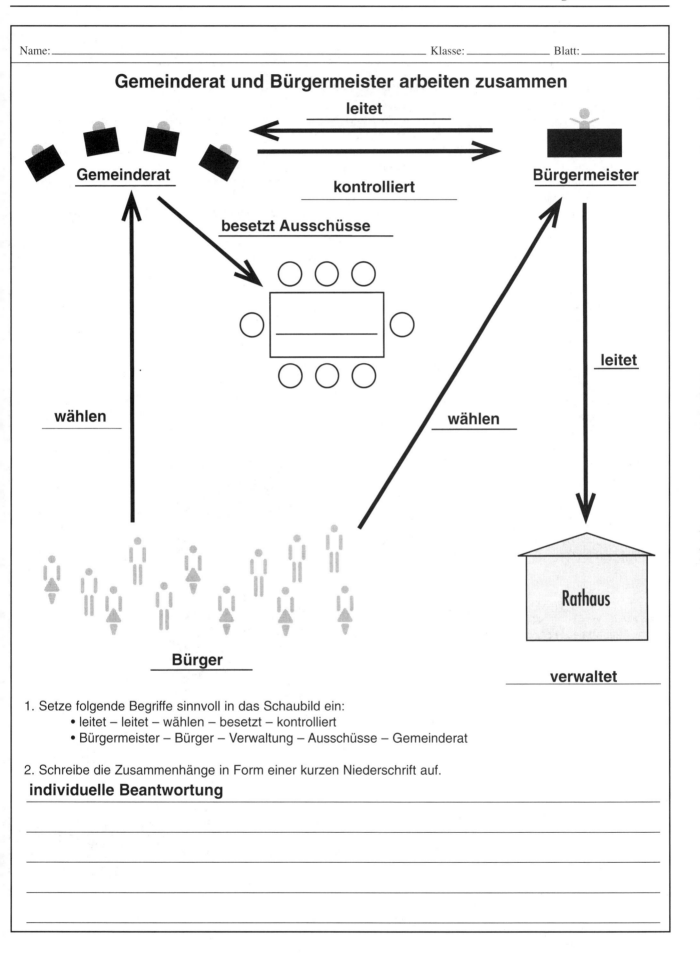

leitet

Gemeinderat

kontrolliert

besetzt Ausschüsse

Bürgermeister

leitet

wählen

wählen

Rathaus

Bürger

verwaltet

1. Setze folgende Begriffe sinnvoll in das Schaubild ein:
   - leitet – leitet – wählen – besetzt – kontrolliert
   - Bürgermeister – Bürger – Verwaltung – Ausschüsse – Gemeinderat

2. Schreibe die Zusammenhänge in Form einer kurzen Niederschrift auf.
individuelle Beantwortung

_____
_____
_____
_____
_____

Name: _____ Klasse: _____ Blatt: _____

Aufgabenblatt zum Interview mit dem Bürgermeister

Aus der Gemeindeordnung:

GO Art. 36
Der erste Bürgermeister führt den Vorsitz im Gemeinderat und vollzieht seine Beschlüsse. Soweit er persönlich beteiligt ist, handelt sein Vertreter.

GO Art. 37 (1)
Der erste Bürgermeister erledigt in eigener Zuständigkeit
1. die laufenden Angelegenheiten, die für die Gemeinde keine grundsätzliche Bedeutung haben und keine erhebliche Verpflichtung erwarten lassen.
2. die den Gemeinden durch ein Bundesgesetz oder auf Grund eines Bundesgesetzes übertragenen hoheitlichen Aufgaben in Angelegenheiten der Verteidigung ...
3. die Angelegenheiten, die im Interesse der Sicherheit der Bundesrepublik oder eines ihrer Länder geheim zu halten sind ...

GO Art. 37 (3)
Der erste Bürgermeister ist befugt, an Stelle des Gemeinderats oder eines Ausschusses dringliche Anordnungen zu treffen und unaufschiebbare Geschäfte zu besorgen. Hiervon hat er dem Gemeinderat oder dem Ausschuss in der nächsten Sitzung Kenntnis zu geben.

GO Art. 37 (4)
Der erste Bürgermeister führt die Dienstaufsicht über die Beamten, Angestellten und Arbeiter der Gemeinde.

GO Art. 38 (1)
Der erste Bürgermeister vertritt die Gemeinde nach außen.

1. Lies das Gespräch mit dem Bürgermeister aufmerksam durch und ergänze dann das Schaubild.
2. Alle Aufgaben, die der Bürgermeister den Schülerzeitungsredakteuren erläutert hat, sind auch in der Gemeindeordnung genau festgelegt.
   a) Suche die Stelle im Gesetzestext, auf die der Bürgermeister seine Aussagen bezieht und unterstreiche sie.
   b) Notiere die Fundstelle zum jeweiligen Aufgabenbereich auf das Schaubild.

__un__ aufschiebbare **Geschäfte** auch ohne **Zustimmung** des Gemeinderats

Art. __37__ Abs. __3__

in **eigener** Zuständigkeit
• Angelegenheiten der **Verteidigung**
• Schutz der **Zivilbevölkerung**
• Angelegenheiten die **geheimzuhalten** sind (Aufgaben, die den Gemeinden von der BRD übertragen wurden)

Art. __37__ Abs. __1__

Gemeinde-verwaltung

Art. __37__ Abs. __4__

gesetzlicher Vertreter der Gemeinde bei Rechtsgeschäften

Art. __37__ Abs. __1.2__

leitet und bereitet vor: **Gemeinderatssitzung**

Art. __36__

• **Ehrengast** beim Schulfest oder einer Ausstellungseröffnung
• **Einweihung** von Gebäuden, Straßen etc.
• **Bieranstich** am Volksfest
= **Repräsentations-** aufgaben

Name: _____ Klasse: _____ Blatt: _____

Kennst du dich in Europa aus?

Setze in die Symbole auf der stummen Karte den richtigen Buchstaben bzw. die richtige Zahl ein. Wenn du dir nicht ganz sicher bist, verwende deinen Atlas.

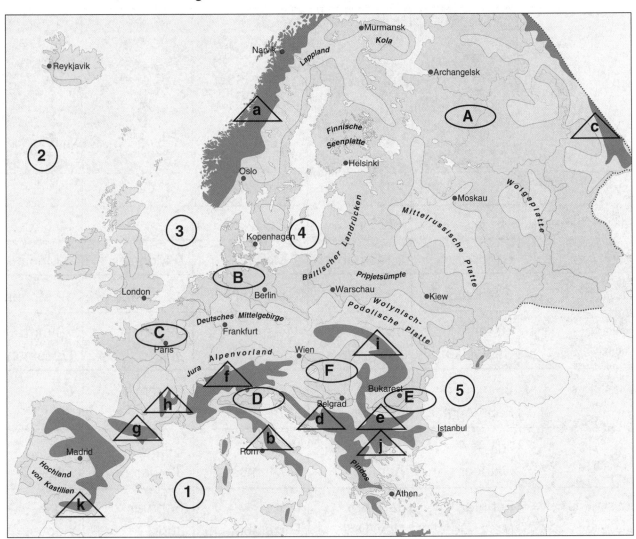

1. Meere

   1 = Mittelmeer   2 = Atlantischer Ozean   3 = Nordsee   4 = Ostsee

   5 = Schwarzes Meer

2. Gebirge △

   a = Skandinavisches Gebirge   b = Apenninen   c = Ural

   d = Dinarisches Gebirge   e = Balkan   f = Alpen   g = Pyrenäen

   h = Zentralmassiv   i = Karpaten   j = Rhodopen   k = Sa. Nevada

3. Tiefländer ⬭

   A = Nordrussisches Tiefland   B = Norddeutsches Tiefland

   C = Pariser Becken   D = Poebene   E = Walachei   F = Alföld

Name:_____ Klasse:_____ Blatt:_____

Klimazonen in Europa

	Polares Klima Vardö	Kontinentales Klima Moskau	Übergangsklima München	Ozeanisches Klima Aberdeen (Schottland)	Mittelmeerklima Athen
Höchste Temperatur	9° C	20° C	18° C	14° C	27° C
Niedrigste Temperatur	–5° C	–10° C	– 2° C	2° C	9° C
Zeitraum unter 0° C	6 Monate	5 Monate	2 Monate	0 Monate	0 Monate
Zeitraum über 0° C	6 Monate	7 Monate	10 Monate	12 Monate	12 Monate
Niederschlags-maximum	50 mm Sept./Okt.	80 mm Juli/Aug.	110 mm Juli	92 mm Juli	70 mm Dezember
Niederschlags-minimum	25 mm Febr./April	33 mm Februar	40 mm März	50 mm April	8 mm Juli
Monate mit hohem Niederschlag	Juli – Oktober	Juni – August	Mai – September	Sept. – Januar	Jan. Okt.– Dez.
Monate mit niedrigem Niederschlag	Februar, März, Dez.	Jan./Apr. Nov./Dez.	März Dezember	Februar – Juni	April – August
Vegetationszonen (Anteil an Klimazonen)	Tundra	Taiga, Laub- und Misch-wald, Steppe	Laub- und Mischwald, Steppe	Laub- und Mischwald	Mittel-meer-vegetation
Länder z. B.	Island, Russland	Finnland, Russland	Deutschland, Frankreich, Polen, Ungarn, Bulgarien, Tschechien, Österreich	Westfrank-reich, Nordspanien, Groß-britannien	Spanien, Italien, Griechen-land

Name: _____ Klasse: _____ Blatt: _____

Länder und ihre Hauptstädte

Ergänze folgende Übersicht. Schaue bei Schwierigkeiten in deinem GSE-Buch auf Seite 22 nach.

Land	Hauptstadt
Andorra	**Andorra la Vella**
Weißrussland	**Minsk**
Belgien	**Brüssel**
Bosnien-Herzegowina	**Sarajewo**
Bulgarien	Sofia
Tschechische Republik	Prag
Vatikanstaat	Vatikanstadt
Dänemark	Kopenhagen
Deutschland	Berlin
Estland	**Tallinn**
Irland	**Dublin**
Albanien	Tirana
Slowenien	Ljubljana
Slowakische Republik	**Bratislava**
Schweden	**Stockholm**
Ukraine	**Kiew**
Großbritannien Nordirland	**London**
Jugoslawien	Belgrad
Italien	Rom
Lettland	Riga

Land	Hauptstadt
Österreich	Wien
Polen	Warschau
Portugal	Lissabon
Rumänien	**Bukarest**
Russland	**Moskau**
San Marino	**San Marino**
Schweiz	**Bern**
Spanien	Madrid
Finnland	Helsinki
Frankreich	Paris
Griechenland	Athen
Kroatien	Zagreb
Island	**Reykjavik**
Liechtenstein	**Vaduz**
Litauen	**Wilna**
Luxemburg	**Luxemburg**
Ungarn	Budapest
Makedonien	Skopje
Malta	Valetta
Moldawien	Kischinjow
Monaco	**Monaco**
Niederlande	**Amsterdam**
Norwegen	**Oslo**

Name:_____ Klasse:_____ Blatt:_____

Bündnisse in Europa

1. Ergänze die Tabelle.

Bündnis	Mitglieder	Ziele	Art des Bündnisses		
			politisch	wirtschaftl.	militärisch
EU	Portugal, Spanien, Frankreich, Deutschland, Österreich, Italien, Belgien, Luxemburg, Schweden, Großbritannien, Finnland, Griechenland, Irland, Niederlande, Dänemark	Gemeinsame Außen-, Sicherheits-, Verteidigungs-, Einwanderungs-, Asylanten-, Kriminalitätsbekämpfungspolitik, Wirtschafts- und Handelspolitik	X	X	
EFTA	Schweiz, Norwegen, Island, Liechtenstein	Förderung des Freihandels zwischen den Mitgliedern		X	
EWR	alle EFTA- und EU-Staaten	Freier Warenverkehr, Peronenverkehr, Dienstleistungsverkehr, Kapitalverkehr		X	
NATO	USA, Kanada, Deutschland, Türkei, Dänemark, Großbritannien, Italien, Portugal, Frankreich, Niederlande, Belgien, Norwegen, Island, Griechenland, Spanien, Luxemburg	Militärbündnis: gemeinsame Verteidigung, Sicherung von Frieden und Freiheit			X
OSZE	EU- und EFTA-Staaten, Kanada, USA, Russland, Estland, Lettland, Litauen, Weißrussland, Ukraine, Moldau, Rumänien, Bosnien, Kroatien, Slowenien, Ungarn, Slowakei, Tschech. Republik, Polen, Türkei, Kasachstan, Usbekistan, Turkmenistan, Aserbeidschan, Armenien, Georgien, Tadschikistan, Kirgistan ...	Militärische Vertrauensbildung, Sicherheitspolitik, Konfliktverhinderung Menschen- und Bürgerrechte - wirtschaftliche, technische und ökologische Zusammenarbeit	X		X
WEU	Deutschland, Frankreich, Spanien, Portugal, Italien, Belgien, Griechenland, Luxemburg, Großbritannien, Niederlande	Militärischer Schutz durch Nato, europäische Integration, humanitäre Friedenseinsätze	X		X

AH 16

3. Imperialismus und Erster Weltkrieg

Name: _____ Klasse: _____ Blatt: _____

Europäische Weltbeherrschung

Europäische Länder

„Mutterländer"

England

Portugal

Niederlande

Deutsches Reich

streben Besitz in Übersee an

Industrialisierung in den Mutterländern

– Mechanisierung der Produktion

– Erhöhung der Produktion

– Erhöhung der Bevölkerungszahl

– „Transportrevolution"

Kolonialreiche entstehen.

Gründe:

wirtschaftliches Interesse

politisches Interesse

militärisches Interesse

wissenschaftliches Interesse

religiöser Eifer

Auswirkungen in den Kolonien

– Ausbeutung des Landes

– Ausbeutung der Einwohner

– Zerstörung der „Originalkultur"

– Sklaverei

– teilweise Aufstände

– Einwanderung von weißen Siedlern

Rückwirkung auf die Mutterländer

– billige Rohstoffe

– neue Absatzmärkte

– neue Produkte (Kolonialwaren)

Kolonialreiche um 1900; Zeichne die einzelnen Kolonialbesitz farbig ein.

52

AH 15

3. Imperialismus und Erster Weltkrieg

Name: _____ Klasse: _____ Blatt: _____

Konflikte in Europa

Gründe für die Spannungen in Europa:

– Rivalitäten zwischen den Großmächten

– Extremer Nationalismus

– Bündnissysteme und Aufrüstung

– Militarisierung der Gesellschaft

Bündnissystem. Der Entente gehörten an:

– Großbritannien

– Frankreich

– Russland

Den Mittelmächten gehörten an:

– Deutsches Reich – Österreich-Ungarn

– (Italien, ab 1915 Kriegsgegner) – Rumänien

Kriegsverlauf

Westfront

a) Schneller Vormarsch der deutschen Truppen.

b) Übergang zum Stellungskrieg.

c) Beginn der Materialschlachten

d) Einsatz neuer Waffentechnologie

e) 1917 Kriegseintritt Amerikas

f) Die deutsche Armee steht vor dem Zusammenbruch.

Ostfront

a) Die russischen Truppen stoßen weit nach Westen vor.

b) Siege der deutschen Armee bei Tannenberg.

c) Ab 1915 Ende des Bewegungskrieges.

d) Ausbruch der russischen Revolution (Lenin)

e) Friedensschluss von Brest-Litowsk

51

127

AH 19

4. Gewalt im Alltag

Name: _____ Klasse: _____ Blatt: _____

So lassen sich Konflikte lösen und vermeiden?

1. Lisa ist Schlichterin für die achten Klassen in ihrer Schule. Immer wenn es zu schwereren Auseinandersetzungen zwischen Schülern und Schülerinnen kommt, ist es ihre Aufgabe, in einem Schlichtungsgespräch einen für beide Seiten tragbaren Kompromiss zu finden und somit den Streit zu beenden. Unterstreiche in folgender Auswahl die Verhaltenstipps an, die deiner Meinung nach für ein erfolgreiches Schlichtungsgespräch wichtig sind.

Stärke zeigen – sofort losbrüllen – Höflichkeit zeigen – die Eltern einschalten – ausreden lassen – Sachlichkeit zeigen – alte Vergehen erwähnen – beleidigen – kompromissbereit sein – wieder wütend werden – Verständnis zeigen – Streitursache genau untersuchen – sich in die Lage des anderen versetzen – gut zuhören – nur die Fehler des anderen sehen – eigene Gefühle aussprechen – sich entschuldigen können

2. Heinz will einen Streit provozieren und erwartet, dass Sven ihn ebenfalls beleidigt. Dann hätte er einen Grund mit weiteren Beleidigungen oder auch Handgreiflichkeiten zu reagieren. Wie kann ihm nun Sven mit seiner Antwort keine Gelegenheit dazu geben? Versuche mit Hilfe folgender Überbegriffe gelungene Antworten zu finden.

(Sprechblasen: „Gibt es jemand Dümmeren als dich?" / „......")

zustimmen: „Stimmt! Du hast Recht!"

nachfragen „Könntest du mir das näher erklären?"

absichtlich falsch verstehen „Richtig, Theo ist wirklich dumm."

Thema wechseln „Gehst du heute auch ins Kino?"

als Kompliment werten „Vielen Dank für dieses nette Kompliment."

zum Fortfahren ermuntern „Mach doch weiter, ich bin sehr neugierig!"

3. Überlege, welche Situationen dich aggressiv machen und wie du darauf meistens reagierst. Suche selbst nach Möglichkeiten wie du einem Streit aus dem Wege gehen könntest.

So etwas macht mich aggressiv	So reagiere ich meistens darauf.	Mit dieser Reaktion könnte ich einen Streit vermeiden.

65

AH 18

4. Gewalt im Alltag

Name: _____ Klasse: _____ Blatt: _____

Gewalt hat viele Ursachen

1. Mache den Ländertest: Welche Eigenschaften haben nach deiner Meinung die Menschen folgender Länder? Vergib für jede Eigenschaftsspalte die Punkte 1 - 4. 1 bedeutet, dass die Eigenschaft am stärksten zutrifft, 4 am schwächsten. Zu welchem Ergebnis kommst du?

Eigenschaften	Franzosen	Türken	Polen	Niederländer	Deutsche
freundlich					
pünktlich					
herrschsüchtig					
arrogant					
tolerant					
humorvoll					
stolz auf ihr Land					

Auswertung:
Liebe Testperson, du bist gerade eben dabei gewesen nachzuweisen, dass... Solltest du der Meinung sein, dieser Test einfach blöd und widersinnig ist, sind wir deiner Meinung. Mit diesem Test kannst du nämlich gar nicht beurteilen. Diejenigen, die das ausgefüllt haben, sollten sich noch einmal überlegen, ob sie da nicht in eine – absichtlich gestellte – Falle gegangen sind. Bist du dir wirklich sicher, dass das Urteile sind, oder sind wir nicht mitten im Thema Vorurteile?

2. Beantworte stichpunktartig die Fragen zu folgendem Text.

Christian R.,(19) - ein Lebenslauf

Der Vater macht sich aus dem Staub, nachdem Christian geboren ist. Die Mutter ist vor ihrem prügelnden Vater zu ihrem ersten Freund geflüchtet. Wie ein lästiges Bündel ist Christian R. von Pflegefamilie zu Pflegefamilie, von Heim zu Heim weitergereicht worden. Zwischendurch kehrt er immer wieder zur Mutter zurück, die ihn brutal schlägt. Mit acht steckt er Kunststoffplatten in einer Baufirma in Brand, später fackelt er einen Gully und bewirft ihn mit brennendem Heu. Von ihm stammt der Satz: "Ich bin böse, deshalb werde ich geschlagen, und deshalb muss ich schlagen." Seine Brutalität lässt er auch an Katzen aus. Sie machen nachts so einen Lärm." Das gleiche hat er über die Kinder seiner türkischen Nachbarn gesagt, bevor in dem Haus fünf Menschen erstickten... [nach Marianne Quoirin, Kölner Stadt-Anzeiger vom 05.05.1995]

a) Nenne negative Kindheitserlebnisse von Christian.

Vater geht weg, Mutter flüchtet zu ihrem ersten Freund, viele Prügel, bei verschiedenen Pflegefamilien und im Heim.

b) Welche Ursachen könnten seine Gewalttätigkeiten gegen Altersgenossen, Tiere und Sachen haben?

Er gibt erlebte Gewalt weiter, Wut und Enttäuschung über sein eigenes Leben treiben ihn zu seinen Taten.

c) Überlege, warum er gerade ein Haus einer türkischen Familie angezündet hat.

Durch seine Vorgeschichte und schlechte soziale Lage ist er empfänglich für radikale Meinungen: Türken als Sündenböcke f. soz. Situation.

3. Was will der Zeichner mit seiner Karikatur aussagen?

Viele Tätigkeiten, Dienstleistungen und Angebote wären ohne ausländische Mitbürger nicht möglich.

61

AH 23

6. Die Weimarer Republik

Name: _____ Klasse: _____ Blatt: _____

Der demokratische Zerfall der Weimarer Republik in den Jahren 1930 – 1932

Die Zusammensetzung der Reichstage 1928 bis 1932 (Reichstagssitze)

Parteien	20. Mai 1928	14.3.1930	31.7.1932	6.11.1932
NSDAP	12	107	230	196
DNVP	73	41	37	52
DVP	35	30	7	11
BVP	16	19	22	20
Zentrum	62	68	75	70
DDP	25	20	4	2
SPD	153	143	133	121
KPD	54	77	89	100
Sonstige	61	72	11	12
Gesamt:	491	577	608	584

1. Welche Tendenz zeigen die Wahlen von 1928-1933?

Die Wahlen von 1928 und 1932 zeigen: 1928 war die NSDAP eine kleine Splittergruppe;

dann ab 1930 explosionsartiger Anstieg der NSDAP; leichter Anstieg bei der KPD; SPD verliert

Mögliche Koalitionen in den Reichstagen von 1928 bis 1933
(Angaben in % der Reichstagssitze)

	Mai 1928	Sept. 1930	Juli 1932	Nov. 1932
Weimarer Koalition (SPD, DDP, Zentrum)	48,6	40,0	34,9	33,0
Große Koalition (SPD, DDP, Zentrum BVP, DVP)	61,2	50,4	39,6	38,2
Harzburger Front* (NSDAP, DNVP)	18,4	25,4	43,9	42,3
Kooperation der totalitären Parteien (links und rechts) (NSDAP, KPD)	13,5	31,9	52,5	50,7

Gruppierungen nach ihrer Einstellung für oder gegen die Weimarer Demokratie
(Angaben in % der Reichstagssitze)

	Mai 1928	Sept. 1930	Juli 1932	Nov. 1932
Für die Demokratie (SPD, Zentrum, BVP, DDP)	56,7	47,3	38,8	36,6
Faschismus* (NSDAP) - für eine Diktatur	2,5	18,5	37,8	33,6
Kommunismus (KPD) - Räterepublik	11,0	13,3	14,6	17,1
Konservativ- autoritär (zurück zur Monarchie (DNVP, DVP)	19,4	20,8	8,5	12,7

* Harzburger Front: Zusammenschluss der rechtsradikalen Parteien im Oktober 1931

* Faschismus: Bund nationalistischer Bewegungen

2. Waren demokratische Koalitionen nach den Wahlen von 1930 - 1932 noch möglich?

Mögliche Koalitionen: Seit 1930 große weltanschaulich koalitionsfähige Blöcke gegeneinander;

1930: Rechnerisch war nur mehr eine große Koaöition mit Beteiligung der demokratiefeindlichen

DNVP möglich.

84

AH 20

5. Boden

Name: _____ Klasse: _____ Blatt: _____

Boden als Nutzfläche

Befestigte Fläche
- **großer und rascher Oberflächenabfluss**
- **geringe Bodenverdunstung**
- **geringe Grundwasserneubildung**

Unbefestigte Fläche
- **geringer Oberflächenabfluss**
- **große Pflanzen- und Bodenverdunstung**
- **große Grundwasserneubildung**

1. Beschrifte die beiden **Abbildungen** mit Hilfe der folgenden Begriffe:

- große Grundwasserneubildung
- geringer Oberflächenabfluss
- große Pflanzen- und Boden-verdunstung

- geringe Bodenverdunstung
- geringe Grundwasserneubildung
- großer und rascher Oberflächenabfluss

2. Befestigte Flächen haben auch **Vorteile** und unbefestigte Flächen **Nachteile**. Erkläre kurz.

a) Vorteile befestigte Fläche:
- ist auch bei Nässe zugäng- **lich**
- **lässt sich leichter** reinigen
- **widersteht größerem Druck** (o. Ä.)

b) Nachteile unbefestigte Fläche:
- wird bei Nässe leicht **„matschig"**
- ist dadurch nur bedingt **nutzbar als Fahr- bzw. Gehweg (o. Ä.)**

3. Welche **Folgen** für den Naturraum durch den ungebremsten Bodenverbrauch hast du kennen gelernt?
- **Hochwasser/Überschwemmungen – fehlende Grundwasserneubildung**
- **Landschaftszersiedlung – Zerschneidung von Naturräumen**

71

129

AH 26

Wie wurden die Menschen durch den Nationalsozialismus erfasst?

„Diese Jugend, die lernt ja nichts anderes als deutsch denken, deutsch handeln, und wenn diese Knaben mit 10 Jahren in unsere Organisation hineinkommen und dort zum ersten Mal überhaupt eine frische Luft bekommen und fühlen, dann kommen sie vier Jahre später zum Jungvolk, in die Hitlerjugend und dort behalten wir sie wieder vier Jahre. Und dann geben wir sie erst recht nicht zurück in die Hände unserer alten Klassen- und Standeserzeuger, sondern dann nehmen wir sie sofort in die Partei, in die Arbeitsfront, in die SA oder in die SS, in das NSKK usw.

Und wenn sie dort zwei Jahre oder eineinhalb Jahre sind und noch nicht ganze Nationalsozialisten geworden sein sollten, dann kommen sie in den Arbeitsdienst und werden dort wieder 6 oder 7 Monate geschliffen, alles mit einem Symbol, dem deutschen Spaten. Und was dann nach 6 und 7 Monaten noch an Klassenbewusstsein oder Standesdünkel da oder da noch vorhanden sein sollte, das übernimmt dann die Wehrmacht zur weiteren Behandlung auf zwei Jahre und wenn sie nach 2, 3 oder 4 Jahren zurückkehren, dann nehmen wir sie, damit sie auf keinen Fall rückfällig werden, sofort wieder in die SA, SS usw. und sie werden nicht mehr frei ihr ganzes Leben ...“

(Hitler in einer Rede 1938. Aus: Bilder und Dokumente zur Zeitgeschichte 1933 - 1945, S. 100)

Hitler in Reden an die deutsche Frau

„... Wenn man sagt, die Welt des Mannes ist der Staat, die Welt des Mannes ist sein Ringen, die Einsatzbereitschaft für die Gemeinschaft, so könnte man vielleicht sagen, dass die Welt der Frau eine kleinere sei. Denn ihre Welt ist ihr Mann, ihre Familie, ihre Kinder und ihr Haus ...

Was der Mann an Opfern bringt im Ringen seines Volkes, bringt die Frau an Opfern im Ringen um die Erhaltung dieses Volkes in den einzelnen Zellen ... Jedes Kind, das sie zur Welt bringt, ist eine Schlacht, die sie besteht für Sein oder Nichtsein ihres Volkes ...“

1. Lies sorgfältig die oben abgedruckten Quellentexte.
2. Welche NS-Organisationen muss ein Mann im Sinne des Nationalsozialismus durchlaufen?
3. Welche Ziele verfolgt Hitler mit der totalen Erfassung der jungen Menschen?
4. Ergänze die folgende Grafik!

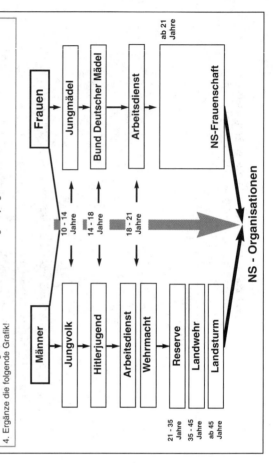

Männer		Frauen
Jungvolk	10 - 14 Jahre	Jungmädel
Hitlerjugend	14 - 18 Jahre	Bund Deutscher Mädel
Arbeitsdienst	18 - 21 Jahre	Arbeitsdienst
Wehrmacht		ab 21 Jahre
Reserve	21 - 35 Jahre	NS-Frauenschaft
Landwehr	35 - 45 Jahre	
Landsturm	ab 45 Jahre	

NS - Organisationen

AH 25

Die Weltanschauung der NSDAP im Widerspruch zum heutigen Grundgesetz

Der Reichstag in Flammen!

Von Kommunisten in Brand gesteckt!

Auszüge aus dem Programm der NSDAP:

4. Staatsbürger kann nur sein, wer Volksgenosse ist. Volksgenosse kann nur sein, wer deutschen Blutes ist, ohne Rücksichtnahme auf Konfession. Kein Jude kann daher Volksgenosse sein.

23. Wir fordern den gesetzlichen Kampf gegen die bewusste politische Lüge und ihre Verbreitung durch die Presse. (...) Zeitungen, die gegen das Gemeinwohl verstoßen, sind zu verbieten.

25. Zur Durchführung all dessen fordern wir: Die Schaffung einer zentralen Gewalt .... Unbedingte Autorität ... des politischen Zentralparlaments über das gesamte Reich und seine Organisationen im Allgemeinen. Die Führer der Partei versprechen, wenn nötig unter Einsatz des eigenen Lebens für die Durchführung der vorstehenden Punkte rücksichtslos einzutreten.

Grundgesetz für die Bundesrepublik Deutschland (April 1998)

Artikel 20: Die Bundesrepublik Deutschland ist ein demokratischer und sozialer Bundesstaat. Alle Staatsgewalt geht vom Volke aus. Sie wird vom Volke in Wahlen ... durch besondere Organe der Gesetzgebung und der vollziehenden Gewalt und der Rechtssprechung ausgeübt.

Artikel 5: Jeder hat das Recht, seine Meinung in Wort, Schrift und Bild frei zu äußern und sich aus allgemein zugänglichen Quellen ungehindert zu unterrichten. Die Pressefreiheit und die Freiheit der Berichterstattung durch Rundfunk ... werden gewährleistet. Eine Zensur findet nicht statt.

Artikel 4: Die Freiheit des Glaubens und des Gewissens und die Freiheit des religiösen und weltanschaulichen Bekenntnisses sind unverletzlich.

Artikel 1: Die Würde des Menschen ist unantastbar. ... Das deutsche Volk bekennt sich zu unveräußerlichen Menschenrechten als Grundlage jeder menschlichen Gemeinschaft ... in der Welt.

Artikel 3: Alle Menschen sind vor dem Gesetz gleich. ... Niemand darf wegen seines Geschlechtes, seiner Abstammung, seiner Rasse ... seiner Heimat und Herkunft, seiner religiösen ... Anschauung bevorzugt oder benachteiligt werden.

Ordne die Kernaussagen des NSDAP-Programms und die wesentlichen Aussagen des Grundgesetzes gegenüber und zeige die Widersprüche auf.

Grundauffassungen	Auffassung der NSDAP	Widersprüche zum Grundgesetz
1. Staat und Staatsaufbau:	Punkt 25: Zentralgewalt, Führerstaat	Artikel 20: Gewaltenteilung, Demokratischer, sozialer Rechtsstaat
2. Stellung d. Menschen	Punkt 4 keine Gleichwertigkeit d. Menschen Einschränkung d. rel. Freiheit	Artikel 1/3/4 Gleichheit aller Menschen Schutz der Menschenwürde Glaubens- u. Gewissensfreiheit
3. Presse:	Punkt 23: Einseitige Presse, Pressezensur	Artikel 5 Freie Meinungsäußerung Informationsfreiheit

AH 29

Name: _____   Klasse: _____   Blatt: _____

Gebietsausweitungen vor Ausbruch des Zweiten Weltkrieges

1. Gebietsanschlüsse an das Deutsche Reich bis 1939

Ergänze die angeschlossenen Gebiete in der Karte farbig. Vergleiche dazu Buch S. 92.

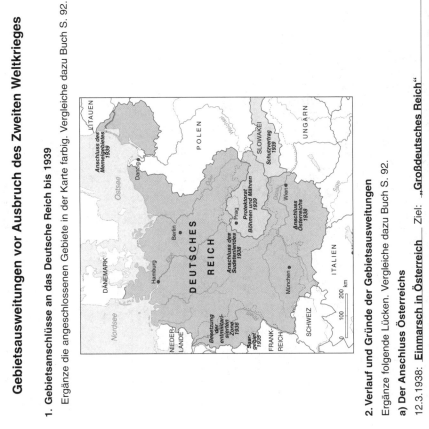

2. Verlauf und Gründe der Gebietsausweitungen

Ergänze folgende Lücken. Vergleiche dazu Buch S. 92.

a) Der Anschluss Österreichs

12.3.1938: **Einmarsch in Österreich**   Ziel: **„Großdeutsches Reich"**

Gründe: **Rohstoffe, Arbeitskräfte, Zugang zu: Tschechoslowakei und Südosteuropa**

b) Sudetenkrise, Münchener Abkommen und Zerschlagung der „Rest-Tschechei"

Sudetenkrise:

29.9.1938: **Sudetendeutsche „heim ins Reich" holen**

16.3.1939: **Protektorat „Böhmen und Mähren"**

Slowakei wird **selbstständiger Staat.**

AH 27

Name: _____   Klasse: _____   Blatt: _____

Wie beseitigt Hitler die Massenarbeitslosigkeit?

Unabhängigkeitsbestrebungen:

Unabhängigkeit von Industrie und

Landwirtschaft vom Ausland

Arbeitsbeschaffungs-

programme:

Autobahnen, Kasernen,

Wohnungsbau …

Aufrüstungsprogramm:

Waffen, Kanonen, Panzer,

Flugzeuge, Schiffe …

Einführung der

allgemeinen Wehrpflicht

im Jahre 1935

Einführung des

Reichsarbeitsdienstes:

Arbeitslose werden hierfür

einberufen

Rückgang der Arbeitslosigkeit (Mio.)

6 5 4 3 2 1 0

1932 1933 1934 1935 1936 1937

Sozialistische

Kampagnen:

Winterhilfswerk, „Kraft

durch Freude" (KdF)

Folgen:

• Die Arbeitslosenzahl sinkt (1937: 0,5 Millionen)

• Lebensstandard erhöht sich kaum (Löhne sinken)

• Staatsverschuldung wächst enorm (1933: 12 Mrd. 1938: 42 Mrd.)

1. Durch welche Maßnahmen versucht Hitler die Massenarbeitslosigkeit in den Griff zu bekommen? (Siehe dazu Buch S. 85!)

2. „Hitlers Maßnahmen zur Beseitigung der Arbeitslosigkeit wirkten sich nicht nur positiv auf Staat und Bevölkerung aus." Suche Belege für diese Aussage. (Buch S. 85)

Lösungen zu den Arbeitshilfen 30/31

Name: _____ Klasse: _____ Blatt: _____

Flucht und Vertreibung aus den Ostgebieten

```
0   200 km
    Grenze des
    Deutschen Reiches
    von 1937
```

200.000 — UdSSR
2.000.000
300.000
700.000 — Polen — Warschau
1.900.000
3.200.000
200.000 — Rumänien
200.000 — Ungarn
3.000.000
300.000 — Jugoslawien — Belgrad

Ostpreußen
Danziger
Baltendeutsche
Ostpommern
Berlin
Volksdeutsche aus Polen
Schlesier
Sudetendeutsche
DDR
Prag — Tschechoslowakei
Rumäniendeutsche
Budapest
Ungarndeutsche
Wien — Österreich
Jugoslawiendeutsche
Italien
Schweiz — Bern
BRD
Weser
Niederlande — Amsterdam
Brüssel — Belgien — Lux.
Paris — Frankreich
Grossbritannien

Probleme der Flüchtlinge und Heimatvertriebenen:

Hunger, Durst, Obdachlosigkeit, Krankheit, Angst,

Arbeitslosigkeit, Heimweh ...

Gründe für die Vertreibung:

Der NS - Terror schürt Hass und fordert

Vergeltungsmaßnahmen heraus --->

Sudetenland: Rumäniendeutsche ...

Flüchtlingsstrom aus den Ostgebieten:

Pommern und Ostbrandenburg	1,9 Millionen
Schlesien	3,2 Millionen
Ostpreußen	2,0 Millionen
Sudetenland	3,0 Millionen
Polen	0,7 Millionen
	10,8 Millionen

1. Trage die Namen der einzelnen Ostgebiete (siehe oben) in die Karte ein.
2. Übertrage die Zahlen der Flüchtlinge und Heimatvertriebenen in die Karte ein (Kästchen).
3. Suche Probleme, mit denen die Flüchtlinge und Heimatvertriebenen zu kämpfen hatten (Buch S. 102)
4. Was veranlasste, z. B. die Tschechen, die Sudetendeutschen zu vertreiben ?

116

Name: _____ Klasse: _____ Blatt: _____

Wie verlief der Zweite Weltkrieg?

```
0   500   1000 km
```

Atlantischer Ozean
Jugoslawien
Nordsee
Moskau
Stalingrad
Rostow
Schwarzes Meer
TÜRKEI
Zypern (brit.)
SYRIEN
Russland 1941
Kiew
Leningrad
FINNLAND
ESTLAND
LETTLAND
LITAUEN
SCHWEDEN
Polen 1939
Warschau
Danzig
UNGARN
RUMÄNIEN
BULGARIEN
Jugoslawien 1941
Griechenland 1941
DEUTSCHES REICH
Berlin
Wien
Norwegen 1940
Dänemark 1940
NIEDER-LANDE
Brüssel
London
GROSS-BRITANNIEN
IRLAND
Frankreich 1940
Paris
Vichy
SCHWEIZ
ITALIEN
Rom
M i t t e l m e e r
MALTA (brit.)
Tunis
Tunesien 1941/42
Tripolis
ALGERIEN
SPANIEN
MAROKKO
Gibraltar (brit.)

1. Kriegsverlauf 1939 – 1942

Trage zu den besetzten Ländern die betreffende Jahreszahl ein. Vergleiche dazu Buch S. 94.

2. Kriegswende

Ergänze folgende Lückentexte. Vergleiche dazu Buch S. 94.

a) Scheitern des **Russlandfeldzuges**

Grund: **Russischer Winter** , **fehlende Winterausrüstung**

Kriegswende in **Stalingrad** , dem **Massengrab** der Wehrmacht. Die

6. Armee unter General **Paulus** wurde eingekesselt.

b) Kriegseintritt der

Grund: **Japanischer** Angriff auf **den amerikanischen Hafen Pearl Harbour.**

Hitler erklärte **USA** den Krieg. Hoffte vergeblich auf Unterstützung der **Japaner.**

108

132